디지털 시대 짧은 문예 창작 길잡이

신기용 지음

도서출판 이바구

저자의 말

"디지털 작가는 누구인가?"라는 질문에 선뜻 답하기는 쉽지 않습니다. 하지만 그 범위를 조금만 넓혀 보면, 이미 우리는 디지털 작가로 살아가고 있는지도 모를 일입니다.

카카오 브런치에 에세이를 연재하는 사람, 네이버 인물 검색에 작가로 등록된 칼럼니스트, 블로그와 뉴스레터에 콘텐츠를 정기적으로 발행하는 직장인, 독립출판물 PDF를 만들어 마켓에 판매하는 크리에이터, 심지어 SNS에 자신만의 연재물을 올리는 창작자까지, 이들은 모두 디지털 공간에서 글을 통해 정체성을 확립하고, 때로는 수익까지 만들어 내는 현대의 '작가'입니다.

이 책에서 말하는 '디지털 작가'란, 단순히 전자책을 내는 사람을 뜻하지 않습니다. 다음과 같은 활동을 수행하는 사람이라면 모두 '디지털 작가'의 범주에 속합니다.

플랫폼 기반 작가: 브런치, 퍼블리, 블로그, 뉴스레터 등에서 콘텐츠를 지속적으로 발행하는 이들

영상 기반 작가: 유튜브, 틱톡 등에서 글을 기획하고 스크립트를 쓰는 창작자

실무형 콘텐츠 작가: 칼럼, 기획안, 브랜디드 콘텐츠를 쓰는 프리랜서 작가

셀프퍼블리셔: PDF, 전자책, 독립출판 등 유료 콘텐츠를 직접 만들어 유통하는 작가

하이브리드 창작자: 문학, 실용서, 스토리텔링 등 장르를 넘나드는 멀티 콘텐츠 생산자

이들은 모두 공통적으로 글을 쓰며, 디지털 환경에서 자신의 콘텐츠

를 유통하고, 독자와 상호 작용하며, 때로는 수익을 창출합니다.

무엇보다 중요한 건, 직업 여부와 관계없이 '글을 쓰는 삶'을 꾸준히 이어 가는 사람들이라는 점입니다.

이 책은 단순한 글쓰기 이론서가 아닙니다. 실제로 디지털 시대의 작가로 살아가기 위한 현실적 실무 지침서입니다.

이 책을 편집할 때 ChatGPT의 도움(수준 평가, 오류 점검, 요약, 표 정리 등)을 받은 부분이 있습니다. 디지털 시대에 작가의 지적 수준에 따라 활용의 범위는 천차만별입니다. 지적 확장도 작가의 역량입니다.

지금, 당신이 이 책을 펼쳤다면 이미 디지털 작가의 길에 한 걸음 들어선 것입니다.

목차

저자의 말 · 03

프롤로그 · 06

제1장 짧은 수필 창작 기법
수필의 이해 · 08
짧은 수필 창작 기법(5단계와 기승전결 구성) · 13
- 체험과 사색의 깊이, 이야기의 구조와 완성
짧은 수필 작법 요점 정리 · 20

제2장 짧은 시 창작 기법
짧은 시 창작 기법 · 24
- 정동 이론과 다양한 표현을 활용한 창작 기법
짧은 시 창작 기법 요점 정리 · 65

제3장 디카시 창작 기법
디카시, 문학 갈래인가 현상인가 · 70
- 문학적 가능성과 비평의 과제
설명에서 창조적 상상력으로 · 79
- 공감형 디카시 창작 기법과 수용 미학 기반
디카시 창작 기법 요점 정리 · 102

제4장 초단편 소설 창작 기법
소설의 이해 · 106
초단편 소설 작법: 핵심 요소 · 117
초단편 소설 창작 기법 요점 정리 · 129

에필로그 · 131

프롤로그

디지털 작가란 누구인가?

이 질문이 책의 출발점이다.

이 책은 디지털 시대에 작가로 활동하고자 하는 모든 사람을 위한 실무 중심의 학습서이다. 여기서 말하는 '디지털 작가'는 전통적인 문학 작가나 출판 작가의 범주를 넘어, 디지털 매체를 기반으로 글을 쓰고 유통하며, 독자와 소통하는 모든 창작자를 포함한다.

'디지털 작가'란, 다음의 특성을 갖는 창작자를 의미한다. 첫째, 디지털 플랫폼을 기반으로 글을 쓰고 발표하는 사람, 둘째, 콘텐츠 기획-작성-유통-소통-수익화의 전체 과정을 이해하고 실행하는 사람, 셋째, 개인 브랜딩 또는 창작 활동을 위해 꾸준히 글을 생산하는 사람 등을 일컫는다.

이 책은 단순히 '글을 잘 쓰는 법'을 가르치거나 안내하려는 것이 아니다. 디지털 환경에서 작가로 활동하기 위한 실질적 기초 역량에 필요한 이론과 창작의 실제를 이해하는 데 목적이 있다.

글을 써서 세상과 연결하고자 하는 당신은 이미 디지털 작가의 출발점에 서 있다.

성공적인 학습을 기원한다.

제1장

짧은 수필 창작 기법

수필은 작가의 체험과 감정을 자유롭게 표현하는 1인칭 산문 문학이다. 진솔한 고백과 개성이 중심이다. 수필은 정형적 틀 없이 일상 속 깨달음을 풀어낸다. 기승전결과 5단계(체험-사색-통찰-확장-여운)를 활용해 사유의 흐름과 구조적 완결성을 함께 갖출 수 있다. 짧은 수필에서도 감성적 여운과 주제의 깊이를 구현하는 것이 핵심이다.

수필의 이해

1. 수필의 정의

국립국어원《표준국어대사전》

> 일정한 형식을 따르지 않고 인생이나 자연 또는 일상생활에서의 느낌이나 체험을 생각나는 대로 쓴 산문 형식의 글. 보통 경수필과 중수필로 나뉘는데, 작가의 개성이나 인간성이 두드러지게 나타나며 유머, 위트, 기지가 들어 있다. ≒만문, 상화, 에세이.

수필이란 :《표준국어대사전》에 '느낌'이란 "몸의 감각이나 마음으로 깨달아 아는 기운이나 감정"이라고 정의하고 있다. "깨달아 아는" 것이 핵심 방점이다. 또한, '체험'이란 "자기가 몸소 겪음. 또는 그런 경험."이라고 정의하고 있다. '몸소 겪음'과 '경험'이 핵심 방점이다.

이를 기초로 수필을 다시 정의해 보면, 수필이란 "일정한 형식을 따르지 않고 인생이나 자연 또는 일상생활에서의 몸의 감각이나 마음으로 깨달아 아는 기운이나 감정을, 자기가 몸소 겪은 경험을, 생각나는 대로 쓴 산문 형식의 글"이다.

2. 수필의 특징

　가. 수필은 1인칭 문학이다. 수필은 글쓴이가 자신의 경험이나 생각을 쓴 글이기 때문에 '1인칭의 문학'이다.

　나. 수필은 개성의 문학이다. 수필은 글쓴이만의 체험이나 사상을 표현하는 '주관적 문학'이다. 따라서 수필에는 글쓴이의 개성이 강하게 드러난다.

　다. 수필은 자유로운 형식을 취한다. 수필의 형식은 자유롭다. 흔히 '무형식의 문학'이라고도 한다. 이는 정해진 틀 없이 자유롭게 쓰는 것을 의미한다. 형식이 없기 때문에 구성이 자유롭다. 자유로운 사고와 관찰력을 동반한다. 이상화(재생적 상상력) 영역까지는 자유롭게 쓴다.

　라. 수필은 소재가 다양하다. 일상생활의 모든 것이 소재이다. 그래서 '신변잡기의 글'이라고도 한다.

　마. 수필은 고백적이고, 개성적인 글이다. 대상에 대한 글쓴이의 독특한 개성이 담겨 있고 '자기 고백적인 글'이다. 자신의 생활 체험 중 독자에게 감동이나 즐거움을 줄 만한 글감을 선정하여 개성을 드러낸다.

　바. 수필은 비전문성의 글이다. 수필은 전문가뿐만 아니라 비전문가도 쓸 수 있다. 문맹이 아니라면 누구나 쓸 수 있는 문학 갈래이다.

3. 소설과 수필의 차이점

가. 언어 표현의 특성상 차이점: 소설은 치밀한 묘사와 장황한 '서사적 언어'가 중심인 반면, 수필은 '독백적 언어'가 중심이다.

나. 기본 요소의 특성상 차이점: 소설의 기본 요소는 주제, 문체, 구성(인물, 사건, 배경)인 반면, 수필의 기본 요소는 제재, 주제, 문체, 구성(직렬적, 병렬적, 혼합적 등)이다.

다. 주제와 제재의 특성상 차이점: 소설은 이야기 전달을 중시하는 반면, 수필은 철학적 성격이 짙어 지적이고 자성적인 면이 짙다. 때로는 관조적이다.

라. 내용 제시 방법의 특성상 차이점: 소설은 내용을 간접적으로 제시하는 반면, 수필은 직접 제시한다. 소설가는 화자를 전면에 내세워 이야기하는 반면, 수필가는 자신이 전면에서 직접 이야기한다. 소설의 화자는 작가와 동일 인물이 아니지만, 수필의 화자인 일인칭 '나'는 작가와 동일 인물이다.

4. 추가적인 차이점

가. 소설과 수필은 같은 산문이지만, 소설과 비교할 때 수필은 운문적 성격이 짙다. 소설과 수필은 산문이라서 운문인 시와 달리 운율보다는 '논리적 구조'를 중시한다. 소설은 사건의 '인과 법칙'과 '개연성'에 무게를 두는 반면, 수필은 '논리성'에 무게를 둔다.

나. 소설은 발단, 전개, 위기, 절정, 결말과 같은 구성 단계를 대체로 엄격히 갖추는 반면, 수필은 이야기 중심의 소설적 수필이라 하더라도 느슨한 면이 강하다. 소설적 수필은 소설처럼 서사가 중심이면서도 지나치게 치밀한 묘사나 장황한 서사적 표현은 하지 않는다.

다. 소설은 플롯(plot)을 중시하는 반면, 자전 수필은 이야기(story)를 중시한다. 자전 수필의 사건은 소설적 사건과 다르다. 소설적 사건의 성립은 대체로 인과 법칙성이지만, 자전 수필의 사건 성립은 대체로 우연성이다.

※ 소설의 사건은 개연성에 무게를 두고 창조하는 것(허구)이고, 수필의 사건은 사실 그대로 왜곡 없이 우연성에 무게를 두고 재현하는 것(사실)이다.

라. 수필의 기본 시제는 두 가지다. 수필가들이 추상 수필, 구상 수필, 서정 수필을 쓸 때 시처럼 현재 시제를 주로 채택하지만, 서사 수필을 쓸 때에는 소설처럼 과거 시제를 채택한다. (그렇다고 모든 소설이 과거 시제는 아니다.)

마. 독자가 소설을 읽을 때는 '허구'라고 생각하고 읽는 것과는 달리, 수필을 읽을 때는 '사실'이라 믿으며 읽는다.

☞ 수필에 허구를 수용하면 팩션(faction)이다. 그 순간, 수필의 본질에서 벗어난다. 개인의 체험적 진실을 바탕으로 한 '재생적 상상력'을 수렴한 산문의 글인 수필에 허구를 수용하여 팩션화하였다면 그건 전기적 장편 소설(掌篇小說)이다. 수필의 본령은 팩션을 받아들일 수도 없는

갈래이다. 수필은 오롯이 '진실의 문학'이고, 일기와 같이 체험을 바탕으로 '진실을 고백하는 글'이다.

짧은 수필 창작 기법(5단계와 기승전결 구성)

- 체험과 사색의 깊이, 이야기의 구조와 완성

기승전결은 주로 이야기의 외적 전개 구조이다. 5단계 틀은 수필의 내면적 사유 흐름에 초점을 둔다. 이 두 구조는 서로 다른 관점에서 글을 정리하는 틀이다. 이를 함께 사용하면, 내용과 흐름 모두에서 균형 잡힌 수필을 쓸 수 있다.

1. 수필의 학문적 구성 틀(Thematic Reflective Essay Framework) 이해

가. 5단계 틀(체험→사색→통찰→확장→여운)

단계	설명	목적 및 역할
① 체험	직접 겪은 경험, 감각적 사실	출발점, 독자 공감 유도
② 사색	경험에 대한 내면적 생각과 감정	주제 형성, 감성적 연결
③ 통찰	깨달음, 자기 성찰	핵심 메시지 드러내기
④ 확장	삶과 세상으로 의미 넓히기	보편적 주제와 독자 공감 확대
⑤ 여운	감성적 마무리, 깊은 인상 남기기 감성적·정서적 잔상에 초점	정서적 잔상과 여운 형성

나. 기승전결 틀(기→승→전→결)

단계	설명	목적 및 역할
기	글의 시작, 상황이나 배경 제시	독자의 관심 끌기, 주제 암시
승	내용 전개, 경험과 생각 상세 서술	긴장감 형성, 주제 탐구
전	반전 또는 새로운 깨달음 제시	갈등·문제 제기, 핵심 전환점
결	마무리, 핵심 메시지와 감성적 완결 구조적 완결에 초점	의미 정리, 독자에게 여운 전달

결은 글의 주제와 메시지를 명료하게 마무리하는 구조적 장치이고, 여운은 독자의 내면에 오래 남는 정서적 파장을 유도하는 감성적 장치이다.

2. 단계별 작문 안내

5단계 틀	질문 예	기승전결 틀	질문 예
① 체험	"내가 경험한 구체적 상황은?"	기	"어떤 상황이나 배경으로 글을 시작할까?"
② 사색	"그 경험에서 어떤 감정과 생각이 들었나?"	승	"경험과 생각을 어떻게 구체적으로 풀어낼까?"
③ 통찰	"무엇을 깨달았는가?"	전	"글에 어떤 반전이나 깨달음을 넣을까?"
④ 확장	"그 깨달음이 삶과 세상에 주는 의미는?"	결	"어떤 메시지와 느낌으로 글을 마무리할까?"
⑤ 여운	"독자에게 남기고 싶은 여운은?"		

3. 짧은 수필 읽기

 수필 분량 산정 시, 글자 수와 원고지 매수를 병행해 확인한다. 일반적으로 200자 원고지 기준 8매 내외를 짧은 수필로 간주한다.
 필자의 산문집 『싸락눈 향기 날 때 새봄이 온다』(2018)에 짧은 수필을 수록했다. 4할 정도는 원고지 4~5매의 짧은 수필이다. 그 가운데 원고지 3.1매 분량의 「감꽃 맛을 음미하며」와 「달빛 머무는 솔」을 읽어 보고자 한다. 두 편 모두 짧은 수필 6~7매 분량보다 더 짧은 수필이다. 두 편 모두 내용보다 형식적 분량을 중심으로 살펴보고자 한다.

> 감꽃 맛은 삶의 맛입니다.
> 감꽃은 5월의 새벽이슬을 머금고 떨어집니다. 마흔을 넘기고서야 감꽃 맛을 조금 깨달았습니다. 감꽃의 상큼한 첫맛과 떫은 뒷맛에서 삶의 맛을 조금 깨쳤습니다. 감꽃 맛을 음미하며 스스로 시인 놀이도 했습니다.
> 한때, 삶의 첫맛과 뒷맛을 깨달으려고 사색하며 글을 썼습니다. 때로는 의미 없는 헛생각에 잠기어 헛글을 쓰기도 했습니다.
> 아직도 진정한 감꽃 맛을 깨닫지 못하였습니다. 설익은 마음가짐 때문입니다. 진정한 감꽃 맛을 알아차리는 순간, 내 안의 나를 발견할 수 있겠지요.
> 혹여 껍데기뿐인 나를 찾아 헤매고 있는 것은 아니겠지요.
> 인생 그 자체가 껍데기인 것을…. 늘 되새겨 보면서 훌훌 벗어던지고 떠날 채비를 하며 살아가렵니다.
> 감꽃 맛에서 홍시 맛이 풍깁니다. 인생의 마지막 순간이 잘 익은 홍시처럼 영글어 떨어지면 좋겠습니다.
> 홍시 맛을 음미하며 삶의 맛을 깨달을 쯤 니르바나에 이르는 길이 열려 있을까요?
>
>   ―「감꽃 맛을 음미하며」 전문

인용 짧은 수필 「감꽃 맛을 음미하며」는 시적 수필이다. 본문 분량만 200자 원고지 3.1매이다. 글자 수는 공백 포함 465자, 공백 제외 357자이다. 500장 이내의 짧은 수필이다.

    '달빛 머무는 솔'은 은은하면서도 올곧다.
    어느덧 지천명이다. 불혹이 지났지만, 아직 미련하여 생각의 흔들림을 잠재우지 못한다. 스스로 늘 푸른 솔밭에 다가가 한 그루의 솔인 양 동심을 넘나들며 운을 띄워 보곤 한다.
    큰 소망보다 작은 소망을 더 소중히 여기며 '달빛 바라보는 솔', 아니 '달빛 머무는 솔'처럼 마음의 여유와 생각의 사치를 부려 본다.
    생각의 사치는 아름다운 것. 허영심보다 더 나은 것. '달빛 머무는 솔'은 은은한 빛을 품을 줄 안다.
    나도 '달빛 머무는 솔'의 옷을 입고, 은은한 빛을 품는다. 늘 푸르게, 항상 풋풋하게, 언제나 젊음을 간직한 채 동심 깊은 생각과 글을 벗으로 여기며 살고 싶다.
    '달빛 머무는 솔'은 늘 달을 사모한다. 해를 그리워하며 잔잔히 말하고, 은은히 빛을 품고 싶어 한다.
    시간이 흐르면 달빛이 솔을 사모하여 머물고 싶어 함을 안다. 달빛의 잔잔함과 은은함이 푸른 솔의 곧고 굳은 마음을 소중히 여기고 싶어 한다.
                                   — 「달빛 머무는 솔」 전문

인용 짧은 수필 「달빛 머무는 솔」도 시적 수필이면서 500자 이내의 짧은 수필이다. 본문 분량만 200자 원고지 3.1매이다. 글자 수는 공백 포함 479자, 공백 제외 358자이다.

4. 수필 분석

가. 「감꽃 맛을 음미하며」

단계	예문 일부	역할 및 특징
① 체험	"감꽃은 5월의 새벽이슬을 머금고 떨어집니다."	감각적 자연 묘사, 글의 출발점
② 사색	"감꽃 맛을 음미하며 시인 놀이도 했습니다."	경험에 대한 내면 사색, 정서적 교감
③ 통찰	"아직도 진정한 감꽃 맛을 깨닫지 못하였습니다."	자아 인식과 깨달음의 표현
④ 확장	"인생 그 자체가 껍데기인 것을…. 훌훌 벗어던지고 떠날 채비를 하며 살아가렵니다."	개인 경험을 인생 전체의 의미로 확장
⑤ 여운	"홍시 맛을 음미하며 삶의 맛을 깨달을 쯤 니르바나에 이르는 길이 열려 있을까요?"	시적 은유로 깊은 여운 남김

기승전결 틀	예문 일부	역할 및 특징
기	"감꽃은 5월의 새벽이슬을 머금고 떨어집니다."	상황·배경 제시, 글의 주제 암시
승	"감꽃의 상큼한 첫맛과 떫은 뒷맛에서 삶의 맛을 깨쳤습니다."	경험과 생각 상세 전개
전	"아직도 진정한 감꽃 맛을 깨닫지 못하였습니다."	깨달음의 미완성과 갈등 제시
결	"홍시 맛을 음미하며 인생의 마지막 순간이 잘 익으면 좋겠습니다."	은유적 마무리와 감성적 여운

나. 「달빛 머무는 솔」

5단계 틀	예문 일부	역할 및 특징
① 체험	"어느덧 지천명이다. 불혹을 지났지만 생각이 흔들린다."	인생 시기 체험 제시
② 사색	"늘 푸른 솔밭에 다가가 동심을 넘나들며 생각을 띄운다."	상징적 자기 묘사, 내면 사색
③ 통찰	"'달빛 머무는 솔'은 은은한 빛을 품을 줄 안다."	이상적 자아상과 깨달음 표현
④ 확장	"늘 푸르게, 풋풋하게, 젊음을 간직하며 살고 싶다."	깨달음을 삶의 자세와 가치로 확장
⑤ 여운	"시간이 흐르면 달빛이 솔을 사모하여 머물고 싶어 함을 안다."	시적 마무리와 감성적 여운

기승전결 틀	예문 일부	역할 및 특징
기	"어느덧 지천명이다. 불혹을 지났지만 생각의 흔들림을 잠재우지 못한다."	인생 시기와 불안한 내면 상황 제시
승	"푸른 솔밭에 다가가 한 그루의 솔인 양 동심을 넘나들며 운을 띄운다."	생각과 정서 구체화
전	"'달빛 머무는 솔'은 은은한 빛을 품을 줄 안다."	새로운 깨달음과 이상적 자아상 제시
결	"달빛이 솔을 사모하여 머물고 싶어 함을 안다."	시적 마무리와 감성적 여운

'전'의 기능은 갈등이나 질문 제기, 의외의 전개, 혹은 새로운 시점으로의 전환 등이다. '통찰'은 자기 내면의 궁극적 성찰이다.

5. 직접 쓰기 연습 문제

5단계 틀	질문	기승전결 틀	질문
① 체험	최근 경험을 구체적이고 생생하게 묘사해 보세요.	기	인상적인 상황이나 배경을 간결하게 묘사해 보세요.
② 사색	그 경험에 대해 어떤 생각과 감정을 느꼈나요?	승	경험과 생각을 구체적으로 펼쳐 보세요.
③ 통찰	그 경험에서 어떤 깨달음이나 교훈을 얻었나요?	전	글에 넣을 반전이나 깨달음을 생각해 보세요.
④ 확장	깨달음이 삶이나 세상에 주는 보편적 의미는 무엇인가요?	결	글을 어떻게 마무리할지, 독자에게 남길 메시지를 써 보세요.
⑤ 여운	독자에게 남기고 싶은 인상이나 느낌은 무엇인가요?		

7. 자기 점검 및 피드백 점검 사항

5단계 각 문장이 구체적이고 감성적인가?

기승전결 단계가 자연스럽고 완결성이 있는가?

통찰과 깨달음이 분명히 드러나는가?

마무리가 강렬하고 여운이 남는가?

글의 흐름이 매끄럽고 독자의 공감을 불러일으키는가?

짧은 수필 창작 기법
요점 정리

수필의 정의와 본질

수필은 일정한 형식에 얽매이지 않고, 삶의 경험과 깨달음을 바탕으로 한 자유로운 산문 문학이다. 작가의 감성, 체험, 개성이 강하게 드러나며, 진실한 자기 고백이 중심이다.

수필의 특징

1인칭 중심의 주관적 문학
형식과 소재의 자유로움
비전문가도 쓸 수 있는 접근성
독백적 언어 사용과 사실성 강조

소설과의 차이점

수필은 직접적 언어와 사실에 기반한 자전적 글이다. 소설은 허구와 간접 화자를 중심으로 한다. 수필은 인과성보다 우연성과 진실성을, 플롯보다 이야기와 감성에 무게를 둔다.

창작 기법: 5단계 틀과 기승전결

5단계 틀: 체험 → 사색 → 통찰 → 확장 → 여운
기승전결: 상황 제시 → 전개 → 전환 → 결말
두 틀을 함께 활용하면, 수필의 감성적 흐름과 구조적 완결성을 동시에 확보할 수 있다.

짧은 수필 사례 분석

「감꽃 맛을 음미하며」, 「달빛 머무는 솔」 두 작품은 시적이고 함축적인 언어로 체험에서 철학적 여운까지 이끌어 낸 짧은 수필이다. 각각 500자 이내임에도 불구하고 5단계와 기승전결이 명확한 구조이다.

쓰기 연습 및 점검

실제 체험을 중심으로 감정과 통찰을 구체화하고, 보편적 메시지로 확장해 감성적 마무리를 짓는 훈련이 필요하다. 자기 점검 항목을 통해 감성적 구체성, 통찰, 완결성을 확인한다.

제2장

짧은 시 창작 기법

짧은 시는 감정을 말하지 않고, 심상으로 '보이게' 하는 문학이다. 형상화, 전경화, 이상화 세 기법이 핵심이다. 이를 통해 짧지만, 깊은 여운과 강한 인상을 남기는 것이 목표이다.

짧은 시 창작 기법

- 정동 이론과 다양한 표현을 활용한 창작 기법

1. 들어가기: 짧은 시란 무엇인가

 단시(短詩)는 "짧게 쓴 시. 또는 짧은 형식의 시."(《표준국어대사전》)를 지칭한다. 짧은 시란 최소한의 언어로 최대한의 의미나 감동을 이끌어 내는 고밀도 시적 형식으로, 간결함 속에 상징과 여운, 압축된 정서를 담은 문학 양식이다. 단순히 길이가 짧다는 물리적 특성을 넘어서, 정서의 농축, 언어의 절제, 심상의 응축이라는 문학적 미학을 구현하는 하나의 창작 전략이다.
 짧은 시를 읽은 후, 뒤통수를 한 방 얻어맞은 듯한 충격을 받으면 그 자체가 '촌철살인'이다. 이는 공감과 감동을 훌쩍 뛰어넘은 충격이다. 짧지만, 굵은 의미와 강한 심상의 응축, 이런 응축의 시에서 뿜어내는 메시지는 예리한 칼날과 같다.
 시가 짧다 하여 모두 촌철살인은 아니다. 고은의 「내장산」과 안도현의 「인생」은 지극히 사적인 외침이면서 주관적인 시점의 표현이다. 한하운의 「개구리」는 평면적인 언어의 유희 등 즉흥성에 그치고 마는 듯하지만, 아이러니 기법이라는 측면에서 보면, 기교가 뛰어난 시이다. 이러한 시의 수준은 하위라 할 수 있을지언정 그렇다고 시가 아닌 것은 아니다. 시란 주관적 시점의 표현과 언어의 유희에도 목적성을 가지고 있기 때문이다.

짧은 시는 동서양 문학 전통에서 유구한 역사를 지닌다. 한국의 시조(특히 단시조)와 한시, 일본의 하이쿠(俳句), 중국의 절구(絕句)와 같은 전통 시들은 형식의 제약 안에서 감정과 사유를 최대한 함축하여 표현하는 시의 본령을 보여 준다. 현대 한국 시단에서도 김소월, 백석, 박목월, 고은, 안도현 등의 시인들이 짧은 시 형식을 통해 상징성과 정서적 밀도를 강화해 왔다.

20세기 후반 이후, 시는 더욱 미니멀리즘적 경향을 띠며 변화해 왔다. 포스트모더니즘 시에서는 정서적 환기보다는 파편화된 심상, 언어 실험, 여백의 미학을 강조한다. 짧은 시 형식은 이와 맞물려 실험적 갈래로 재조명되었다. 특히 최근에는 디지털 감각에 기반한 디카시(디지털 카메라+시)가 떠오르면서, 짧은 언어, 강한 심상, 즉각적인 정서 전달이 강조되는 경향이 두드러진다. 이는 시의 현대적 변형이자, 짧은 시의 미학이 동시대성과 만나는 지점이라 할 수 있다.

따라서 이 글에서는 짧은 시의 전통적 미학과 현대적 변용, 포스트모던적 감각의 결합을 전제로, 다음과 같은 순서로 짧은 시의 창작 기법을 살펴보고자 한다. 첫째, 짧은 시의 미학적 특징을 정리하고, 둘째, 구체적인 창작 기법(7가지 전략)을 정리하며, 셋째, 정동 이론과 감정의 흐름 구조(감각→정동→감정→감동→여운)를 통해 짧은 시의 창작 방법론을 통합적으로 제시한다.

2. 짧은 시의 주요 특징

구분	목적 및 역할
길이	보통 한 줄에서 열 줄(혹은 다섯 줄) 이내. 행 수보다 의미의 응축도가 더 중요함.
형식	자유시, 시조(단시조), 단형 산문시, 디카시, 하이쿠 등 다양함.
내용	순간 포착, 강한 심상, 일상적 순간의 변환, 감정의 찰나 등.
언어 특성	은유, 상징, 생략, 여운 강조. 감각적인 언어 사용.
예시 장르	고은의 「그 꽃」, 안도현의 「너에게 묻는다」, 한 줄 시, 1행시, 단시, 절장(단장) 시조, 디카시, 일본의 하이쿠 등.

가. 짧은 시 읽기

주요 특징을 고려하면서 아래의 짧은 시를 읽어 본다.

내려갈 때 보았네
올라갈 때 못 본
그 꽃

— 고은, 「그 꽃」 전문

연탄재를 함부로 발로 차지 마라
너는
누구에게 한 번이라도 따뜻한 사람이었느냐

— 안도현, 「너에게 묻는다」 전문

엄마 손

약손
그 온기로
힘낸다.

— 신기용, 「그리움」 전문[1]

가—가
그—
가 가가
그
가꼬
갔다 카대.

서로
통하네.

— 신기용, 「의사소통」 전문[2]

가갸 거겨
고교 구규
그기 가.

라랴 러려
로료 루류
르리 라.

— 한하운, 「개구리」 전문[3]

• • •

1) 신기용, 『칭얼거림은 귀여워』, 이바구, 2023(개정판), 13쪽.
2) 위의 책, 27쪽.
3) 한하운, 『한하운 시초』, 정음사, 1949, 19쪽.

해묵은 연못이여 개구리 뛰어드는 물소리로다
古池や蛙飛びこむ水の音

— 바쇼[芭蕉]

나. 짧은 시의 문학적 효과

(1) 정서의 농축: 짧은 문장 안에 감정과 사유를 밀도 있게 담는다.
(2) 해석의 여백: 짧기에 오히려 독자의 해석과 상상이 작동한다.
(3) 리듬과 호흡: 단절과 여백이 고유의 리듬을 형성한다.
(4) 기억의 강도: 짧아서 더 선명하게 기억에 남는 경우가 많다.

3. 짧은 시 창작 기법

일반적으로 활용하는 창작 단계를 5단계로 구분하여 살펴본다.

가. 보편적 창작 5단계

단계	설명	실습 예시
① 찰나 포착	감정, 풍경, 사물의 '순간'을 붙잡아 본다.	"창밖에 비가 내린다. 한 방울이 나를 부른다."
② 언어 다듬기	생략, 전환, 반복을 활용해 말의 껍질을 벗겨 내다.	"한 방울 / 나를 부른다"
③ 여백 만들기	말하지 않은 것의 공간을 두어 상상을 유도한다.	"사라진 이름 / 비에 젖어 / 다시 핀다"
④ 리듬 만들기	읽는 호흡을 조절하는 단어 배열과 줄 바꿈을 고려한다.	"낙엽 하나 / 서랍에 넣었다 / 편지처럼"
⑤ 제목 붙이기	전체 맥락을 암시하거나 반전시키는 제목을 생각한다.	「빈칸」, 「돌」, 「시계 밥」 등

나. 자주 쓰이는 표현 기법

기법	설명	예시
은유	A를 B처럼 말해 감각적으로 표현	"눈물은 거꾸로 피는 꽃"
형용모순	어울리지 않는 말의 결합으로 낯설게 표현	"뜨거운 얼음처럼 / 나를 껴안네"
공감각	감각을 섞어 표현	"소금 맛이 나는 노을"
생략과 절제	말하지 않음으로 더 많은 것을 암시	"괜찮아 / 라는 말 / 없이도"

다. 다듬기 점검 사항

항목	보충 설명
핵심 심상이 살아 있는가?	"'텅 빈 도시락'의 심상이 강렬하다."
감정이 응축되어 있는가?	"말 대신 침묵이 시를 이끈 점이 좋다."
줄 바꿈/리듬이 적절한가?	"마지막 줄에 여운이 남는다."
여백과 생략이 효과적인가?	"'말하지 않음'이 더 많은 것을 말하게 한다."

4. 짧은 시 창작 7가지 창작 기법

앞에서 제시한 '보편적 창작 5단계'와 '자주 쓰이는 표현 기법'을 망라하여 7가지 창작 기법을 활용해 본다.

짧은 시 창작 기법에 형상화와 전경화를 반영하여 묘사의 방법으로 강조한다. 형상화는 추상적 개념이나 감정을 구체적이고 명확한 심상으로 변환하는 기법이다. 전경화는 언어를 비일상적이고 독특하게 사용하여 독자의 감각을 깨우는 기법이다.

짧은 시에 적용 가능한 7가지 창작 기법을 아래와 같이 이론적 근거 (시의 본령, 묘사, 객관적 상관물 등) 중심으로 살펴본다.

가. 짧은 시 창작 7대 기법

번호	창작 기법	설명	이론적 근거	예시
①	묘사 중심 표현	감정이나 사유를 직접 말하지 않고, 심상과 감각으로 보여 줌. 형상화를 통해 감정을 구체화.	시는 '묘사'가 핵심이고, 추상적인 감정을 구체적 심상으로 형상화하는 예술. 형상화는 감각적 인상을 전달.	"그리워" → "불 꺼진 창에 입김이 흐른다"
②	기승 전결 구성	짧은 시 안에서도 감정이나 사건의 흐름이 느껴지도록 설계. 전경화 기법을 통해 비일상적인 표현으로 감정의 전개를 강조.	시는 내적 논리와 정서적 곡선을 지닌 '작은 서사'. 전경화로 평범한 언어의 일상성을 깨뜨려 독자에게 강한 인상을 남김.	"눈길 / 멈춰 선 자리 / 무너진 발자국 / 기억도 지운다"
③	형용 모순 사용	상반된 의미의 형용사나 심상 결합으로 긴장과 낯섦 유도. 전경화를 통해 예상하지 못한 표현을 사용.	시의 언어는 상식을 깨뜨려 독자의 감각을 환기시키는 도전적 방법. 전경화는 평범한 언어를 특이하게 바꿈으로써 주목을 끌어냄.	"찬란한 고요", "부드러운 절망"
④	객관적 상관물 활용	감정이나 개념을 구체적 대상이나 장면에 투영. 형상화를 통해 감정을 구체적 심상으로 구현.	감정을 구체적인 사물이나 장면에 투영하여 내면의 세계를 외적으로 나타내는 방법. 형상화를 통해 감정이 사물로 변형됨.	"손에 묻은 흙 / 어제의 이름" → 삶의 상실을 암시
⑤	개념어 배제	추상어 대신 구체적인 심상 사용. 형상화가 추상적인 개념을 구체적인 시각적 심상으로 바꾸는 데 중점을 둠.	추상어는 산문적 진술에 가까워 시의 밀도를 떨어뜨림. 구체적인 심상을 통해 형상화가 이루어짐.	"슬픔" → "텅 빈 의자에 김이 식는다"

⑥	간접 정서 표현	감정을 직접 쓰지 않고, 정황과 행위로 암시. 형상화를 통해 감정의 상태를 심상이나 행동으로 구체화.	직접적인 감정보다는 형상화를 통해 감정을 시각적이고 물리적인 표현으로 바꾸어 독자가 느끼게 하는 방식.	"아프다" 대신 "그릇 하나, 소리 없이 부서졌다"
⑦	강한 반전 과 여운 장치	마지막 구절에서 뜻을 전환하거나 여운을 남김. 전경화로 예기치 않은 언어 사용으로 독자의 상상을 자극.	짧은 시의 충격력과 지속성을 확보하는 전략. 전경화로 일상적인 언어를 파괴하고, 의미 전환을 통해 여운을 남김.	"기다렸는데 / 네가 아니었다 / 그림자였다"

이처럼 7가지 기법은 기본적인 창작 기법이다. 이상화는 짧은 시 창작에서 선택적으로 사용할 수 있는 추가적인 기법으로 볼 수 있다. 즉, 시의 주제나 목적에 따라 추가로 반영할 수 있는 기법이다.

이상화를 포함시키면, 특히 희망적이거나 비현실적인 요소를 강조할 수 있어 창작에 새로운 차원의 상상력을 더할 수 있다. 이상화는 특정 주제나 감정을 강조할 때 선택적으로 활용할 수 있는 기법이다. 이상화는 시에서 현실을 넘어서 이상적인 상태나 세계를 그리거나, 꿈과 희망을 비현실적인 형태로 표현할 때 유용하다.

이상화는 7대 기법에 추가할 수 있는 선택적인 기법이다. 주제나 감정에 따라 필요한 시에만 활용하되, 시가 주고자 하는 희망, 이상적 상태, 꿈 등을 그릴 때 매우 유효하게 사용할 수 있다.

짧은 시는 감정을 설명하지 않고, 심상을 드러내어 '보이게' 하는 문학 갈래이다. 묘사를 중심에 두고, 구체적 심상으로 삶을 형상화한다. 짧은 호흡 안에 이야기의 흐름과 반전을 담아내야 비로소 살아 있는 시의 자격을 얻는다.

다만, '기승전결' 구성은 단시조에서는 반드시 필요하지만, 짧은 시에서는 반드시 요구되는 형식이 아니다. 오히려 단조롭고 파편적인 구조 자체가 정서의 단면이나 감각의 순간성을 강화하는 경우도 많다. 예컨대 고은의 「그 꽃」처럼 '기-승' 정도의 짧은 전환만으로도 강한 여운을 남길 수 있다. 디카시나 하이쿠 등에서는 한 장면을 응시하거나 반전 없이도 감정을 포착하는 데 집중하기도 한다. 따라서 기승전결은 하나의 설계 전략일 뿐, 감각적 응축과 심상 중심의 전달을 우선하는 짧은 시에서는 단선적 구조의 효과성 또한 중요한 시적 가능성으로 간주한다.

나. 형상화와 전경화의 활용

짧은 시에서 감정의 흐름을 구체적 심상으로 형상화한다. 일상적 언어를 깨뜨려 전경화를 통해 독자의 감각을 자극하는 중요한 역할을 한다. 형상화는 감정을 구체적인 심상으로 만들고, 전경화는 언어와 표현에서 일상성을 벗어나 새롭게 시각을 전환시킨다. 이 두 기법은 짧은 시에서 강렬한 인상을 남기고, 독자에게 깊은 여운을 주는 데 중요한 역할을 한다.

① **형상화**(形象化)

형상화는 "형체로는 분명히 나타나 있지 않은 것을 어떤 방법이나 매체를 통하여 구체적이고 명확한 형상으로 나타냄. 특히 어떤 소재를 예술적으로 재창조하는 것을 이른다."(《표준국어대사전》)라는 사전적 의미를 지닌다. 시의 감정이나 사유를 추상적 개념으로 표현하지 않고, 구체적이고 명확한 심상을 사용하여 독자가 감각적으로 경험할 수 있게 한다. 예를 들어, '슬픔'이라는 추상적 감정을 "텅 빈 의자에 김이 식는다"와 같이 구체적인 심상으로 변환하여 감정을 형상화한다. 형상화는 시에서 핵심적인 묘사 기법이다. 감정이나 사유를 직접적이지 않게 제시한다. 즉, 간접 정서로 제시한다.

"내 마음은 호수요.", "사랑은 눈물의 씨앗."은 형상화가 어떻게 추상적 개념인 마음과 사랑을 구체적인 심상(호수, 씨앗)으로 변환하는지 잘 보여 준다. 형상화의 주 도구는 은유(metaphor)이다. 은유는 본래 다른 의미를 지닌 대상을 통해 추상적 개념을 구체화하는 데 효과적인 방법이다.

또한, 형상화가 은유 이외에도 직유(simile)나 환유(metonymy) 등의 다른 수사적 기법을 통해서도 이루어질 수 있다. "내 마음은 호수요."라는 예시도 은유를 통해 형상화가 이루어졌지만, 직유나 환유도 그와 같은 기능을 할 수 있다.

형상화는 추상적 감정이나 개념을 구체적 심상으로 전환하여 독자의 감각적 경험을 유도하는 기법이다. 형상화의 주 수사적 기법은 은유이지만, 직유, 환유 등 다른 수사적 기법들도 형상화의 중요한 도구로 사용할 수 있다. 이러한 기법들은 모두 추상적인 개념을 구체적인 심상이나 실체로 바꾸는 방식을 통해 형상화의 역할을 수행한다.

형상화의 주요 수사적 기법을 살펴본다.

은유(Metaphor): 한 대상을 다른 대상으로 직접적으로 바꾸어 표현함으로써 형상화를 이루는 대표적인 기법이다. 마음이라는 추상적인 개념을 호수라는 구체적인 형상으로 형상화한 것이다. 또한, 모나리자를 눈썹이 없는 돌고래족이라고 형상화하였다.

> 내 마음은 호수요. (김동명, 「내 마음은」)
> 모나리자는 돌고래족. (신기용, 「돌고래는 눈썹이 없다」)

직유(Simile): 두 대상을 '처럼', '같이' 등으로 연결하여 비교하는 방식이다. 직유는 은유와 유사하지만, 명시적으로 비교어를 사용한다. 여기에서 사랑을 꽃의 아름다움으로 구체적이고 생동감 있게 형상화한 심상이다. 직유를 사용하여 감정적인 상태를 시각적으로 변환한다.

　　사랑은 꽃처럼 피어난다.
　　바다처럼 넓은 마음

환유(Metonymy): 전체와 부분, 대상과 그 연관된 것을 연결하여 형상화하는 방식이다. 이는 연관성 있는 요소를 통해 추상적인 개념을 구체화한다. 여기서 봄이라는 계절을 봄나물로 환치하여 형상화한 예이다.

　　봄을 끓이고, 무쳐서
　　봄을 꼭꼭 씹어 먹어요.

의인화(Personification): 의인화는 무생물이나 추상적인 개념에 인간의 특성을 부여하는 방식이다. 주로 감정을 구체적인 형상으로 표현하는 데 사용한다. 슬픔을 인간처럼 행동하는 존재로 형상화하기도 한다. 이 방식은 추상적인 감정을 독자가 더 구체적으로 느낄 수 있도록 만든다. 또한, 느티나무를 의인화로 형상화하였다.

　　슬픔은 내 가슴을 조인다.
　　두 팔을 벌린 느티나무

이처럼 형상화는 추상적인 개념이나 감정, 사상을 구체적인 형태로 바꿔 독자나 청중에게 더 직관적이고 감각적인 경험을 제공한다. 형상화를 통해 독자는 어려운 개념을 쉽게 이해할 수 있다. 시각적이고 감성적인 반응을 일으킬 수 있다.

형상화는 문학뿐만 아니라 일상적인 언어에서도 자주 사용한다. 특히 시나 문학 작품에서 감정의 표현이나 심리적 상태를 설명할 때 매우 효과적인 기법이다. 이 기법을 통해 언어는 단순한 정보 전달을 넘어 감동적이고 예술적인 표현으로 변화한다.

② **전경화**(前景化, Foregrounding)

전경화는 "언어를 비일상적으로 사용하여 두드러지게 보이도록 하는 일. 상투적인 표현을 깨뜨림으로써 새로운 느낌이나 지각이 일어나도록 하는 것으로 프라하학파가 언어학과 시학에서 쓴 용어"《표준국어대사전》이다.

아래의 두 기법 모두 전경화의 일환이다. 언어를 비일상적으로 사용해 독자에게 새로운 방식으로 세상을 인식하게 만든다. 모순 어법(oxymoron)은 상반되는 개념들이 결합되어 독자에게 새로운 지각과 감각을 선사한다. 언어의 일상적인 경계를 깨뜨린다. 과잉 의식 어법(Hypercorrection)은 의도적으로 과장된 언어 사용을 통해 기존의 규칙과 예상에서 벗어나며, 언어의 낯섦을 강조한다. 이 둘은 '변형 묘사'라고 일컫기도 한다.

전경화는 일상적이고 상투적인 언어의 흐름을 깨뜨려 독자에게 낯설고 강렬한 감각을 주는 기법이다. 예를 들어, "기다렸는데 / 네가 아니었다 / 그림자였다"처럼 예상치 못한 반전을 통해 의미를 전환하거나 여운을 남기는 방식이다. 또한, "수선화 꽃잎만 더듬는 늪에 던지는 돌"처럼 시적 표현이 일상적이지 않도록 의도적으로 비정상적인 구조나 언어를 사용하여 독자의 감각을 일깨우고, 이로써 전경화를 실현한다.

③ **모순 어법**(형용 모순, oxymoron)

모순 어법은 "수사법에서, 의미상 서로 양립할 수 없는 말을 함께 사용하는 일. 이를테면, '소리 없는 아우성', '수다쟁이 벙어리' 따위이다."(《표준국어대사전》)라는 사전적 의미를 지닌다. 모순 어법은 서로 반대되는 두 단어나 개념을 결합하여 기존의 언어적 틀을 깨고 새로운 의미를 만들어 내는 기법이다. 이 기법을 통해 일상적인 언어 사용에서 벗어나 독특한 시적 효과를 창출하고, 독자의 인식에 변화를 일으킬 수 있다. 전경화는 이러한 반대되는 요소들의 결합을 통해 낯설고 새로운 시각을 제공한다.

예를 들면, '소리 없는 아우성'(유치환, 시 「깃발」)이라는 표현은 "소리 없음"과 "아우성"이라는 상반된 개념의 결합이다. 아우성은 일반적으로 소리와 강한 외침을 동반한다. "소리 없는"이라는 형용사가 결합함으로써 그 자체로 모순을 이룬다. 이 모순은 독자에게 강렬한 인상을 주며, 아우성이 가지고 있는 본래의 힘을 다시 한 번 강조하는 효과를 만들어 낸다.

이처럼 모순 어법은 언어를 의도적으로 비정상적으로 사용하여 언어의 경계를 허물고 새로운 지각을 형성한다. 전경화의 핵심인 일상적이지 않은 언어 사용이 바로 이렇게 모순을 통해 실현한다. 예문을 아래와 같이 읽어 본다.

사뿐히 즈려밟고 가시옵소서 (김소월, 「진달래꽃」)
겨울은 강철로 된 무지갠가 보다 (이육사, 「절정」)

④ **과잉 의식 어법**(Hypercorrection)

과잉 의식 어법은 언어 사용에서 지나치게 정형화된 규칙이나 기대를 따르려고 하거나, 과도하게 정확하려는 시도를 통해 일상적이지 않은 표현을 만드는 방식이다. 이는 전경화 기법에서 언어의 규칙을 의도적으로 왜곡함으로써 일상적이지 않은 효과를 낳고, 독자에게 새로운 방식의 사고를 유도할 수 있다.

예를 들면, "하이얀천사, 이수염난천사는규핏드의조부님이다."(이상, 시 「내과」)라는 예문은 일상적인 문법이나 띄어쓰기 규칙을 벗어나, 과잉 의식적으로 단어들을 결합하여 언어의 자연스러움을 의도적으로 깨뜨린다. "하이얀"과 "천사" 사이의 결합은 사실상 일반적인 표현에서 벗어난 언어적 변형을 보여 준다. 과잉 의식으로 구성된 비정상적인 구조가 전경화 기법을 통해 특별한 미적 효과를 낳는다.

이렇게 과잉 의식 어법은 언어의 규칙에 대한 지나친 의식이 언어의 일반적인 흐름을 방해하고, 전경화의 주요 목표인 "일상적이지 않게 만드는 것"을 실현하는 데 기여한다.

다. 이상화(理想化) 활용

이상화는 "현실을 그대로 보지 않고 이상에 비추어 보고 생각하는 일"(《표준국어대사전》)이다. 이는 실제 현실에서 벗어나 더 높은 이상적 기준을 바라보는 과정을 묘사하는 일이다. 칸트의 주장에 따르면, '상대적 이상'은 실현 가능성 있는 이상, '절대적 이상'은 실현 불가능한 이상이다. 또한, 이상화의 기법으로 은유, 직유, 환유이다. 예문은 아래와 같다.

① **상대적 이상**은 일상적이고 현실적으로 실현 가능한 목표나 꿈을 나타낸다. 아래 예시는 실현 가능성이 있는 이상화이다.

> 상대적 이상(실현 가능한 이상): "저 푸른 언덕에 무지갯빛 오두막을 지어 엄마와 함께 알콩달콩 살고 싶어."

② **절대적 이상**은 비현실적이고 실현 불가능한 목표를 이상적으로 설정하는 예시이다. 월궁으로의 여행처럼, 이것은 판타지적이며 실현 불가능한 이상화이다.

>절대적 이상(실현 불가능한 이상): "이 우주 왕복선을 타고 옥토끼와 항아
>가 사는 월궁으로 날아갈 거야."

③ **이상향**은 이상적인 세계나 평화로운 삶을 상징하는 표현이다. 주로 문학에서 이상적인 장소나 사회를 묘사할 때 사용한다. 아래 문장은 무릉도원이라는 이상적인 장소를 나타내는 은유적 표현이다.

>이상향(理想鄕, 이상적인 세계): "복사꽃 핀 언덕은 무릉도원(武陵桃源)이다."

④ **이상형**은 특정한 인간상의 이상을 표현하는 방법으로, 아래 문장은 직유를 사용하여 선비 정신을 매미에 비유하고 있다.

>이상형(이상적인 인물): "이슬만 먹는 매미처럼 선비 정신을 뿜어내고 싶다."

⑤ **환유**(의미의 전치): 부분이나 특징을 통해 전체를 나타내는 기법이다. 여기서 "요람에서 무덤까지"는 인생의 시작과 끝을 의미하며, 포근한 삶을 통해 평온하고 행복한 삶을 표현한다.

>"요람에서 무덤까지 포근한 삶."

라. 형상화 + 전경화 + 이상화의 시적 시너지

이상화를 짧은 시 창작 기법에 반영하는 것은 매우 효과적이다. 이상화는 현실을 넘어서서 이상적인 상태나 세계를 그리거나, 현실과 상

반되는 이상적인 심상을 통해 감정을 표현하는 기법이다. 이를 통해 희망, 꿈, 이상적인 사랑 등 구체적이지 않지만, 바람직한 상태를 시적으로 표현할 수 있다. 이상화는 시에서 감정이나 상태를 더 높은 차원의 이상적 모습으로 그리는 데 사용한다. 현실의 한계를 넘어서는 상상력과 감성을 자극한다.

형상화와 전경화가 감정의 구체화와 언어의 혁신에 중점을 둔다면, 이상화는 더 나아가 실현 불가능하거나 비현실적인 이상적인 세계나 상태를 그리기 위한 기법이다.

박목월의 「청노루」는 현실적 고통이나 비극을 직접 언급하지 않으면서도, 자연의 이상적·순정한 심상을 통해 현실을 은유적으로 승화하는 대표적인 이상화 기법이다. 먼저 시를 읽고, 형상화, 전경화, 이상화를 중심으로 살펴본다.

> 머언 산 청운사(靑雲寺)
> 낡은 기와집
>
> 산은 자하산(紫霞山)
> 봄눈 녹으면
>
> 느릅나무
> 속ㅅ잎 피어가는 열두 구비를
>
> 청노루
> 맑은 눈에
>
> 도는
> 구름
>
> — 박목월, 「청노루」 전문[4]

---
4) 박목월, 조지훈, 박두진, 앞의 책, 12-13쪽: 정호웅 외 5인, 『고등학교 문학』, 천재교과서, 2025, 19쪽.

현실의 전란이나 고통은 전혀 드러나지 않고, 봄눈·자하산·청노루·구름 등의 심상을 통해 세계는 마치 동화적 이상 상태이다. "청노루 / 맑은 눈에 // 도는 / 구름"은 현실 세계의 비루함을 초월하는 시적 순정과 평화를 구현하는 결정적 장면이며, 이상화의 전범이다.

마. 형상화·전경화·이상화 비교 요약

구분	형상화 (形象化)	전경화 (前景化)	이상화 (理想化)
정의	추상적 개념이나 감정을 구체적·감각적 심사으로 드러냄	전체 중 특정 대상·감정을 전면에 부각시켜 초점화	현실 대상·상황을 순화·미화하여 이상적인 모습으로 표현
기능	- 감정·개념의 시각화 - 공감 유도	- 정서 흐름 제어 - 시적 집중 유도	- 현실 초월적 정화 - 가치관 내면화, 이상적 감성 유도
효과	심상 중심의 표현으로 감정의 생생한 전달	배경과 대비된 초점 대상이 감정선 중심이 됨	현실에 없는 순수성·고결함·영원성을 시공간 너머로 전달
대표 예시	"그리움은 녹슨 종처럼 울렸다" ('그리움'의 형상화)	"달빛 아래 손가락만 하얗게 떨고 있었다" (손가락 전경화)	"청노루 / 맑은 눈에 // 도는 / 구름" — 박목월 「청노루」
시 사례 해설	- 감정(그리움)을 감각화함 - 공감각 심상	- 정서의 진동 지점을 전경화	- 자연 심상으로 현실을 순화 - 고요하고 맑은 이상 세계 암시
주의점	- 진부한 심상 위험 - 감각보다 내용 전달에 집중할 우려	- 과도한 강조로 주변과 불균형 가능	- 현실 도피로 읽힐 수 있음 - 감정 진실성 손상 가능

① **형상화:** 감정이나 개념을 구체적 심상으로 변환하여 독자가 쉽게 감각적으로 체험할 수 있도록 한다.

② **전경화:** 평범한 언어와 표현을 비일상적으로 변형하여 독자의 감각을 자극하고, 예상치 못한 방식으로 시의 메시지를 전달한다.

③ **이상화:** 현실을 넘어서는 이상적이고 꿈 같은 세계나 희망적인 상태를 그려 냄으로써, 시의 메시지를 더 높은 차원으로 이끌어 올린다.

이렇게 세 가지 표현 기법을 결합하면, 짧은 시에서도 감정의 심화, 충격적인 상상력, 이상적인 꿈을 동시에 표현할 수 있는 강력한 도구이다. 이들은 시의 강한 감동과 기억에 남는 여운을 남기는 데 중요한 역할을 한다.

형상화는 감정의 구현, 전경화는 표현의 혁신, 이상화는 주제의 심화에 효과적이다. 따라서 시의 내용과 의도에 따라 이 세 기법을 혼용하거나 강조점을 조절할 수 있다.

바. 짧은 시 비교 분석

앞에서 읽고 감상한 고은의 「그 꽃」, 안도현의 「너에게 묻는다」, 신기용의 「그리움」과 「의사소통」에 대해 비교 분석해 본다. 다양한 창작 기법이 어떻게 시의 의미와 감동을 구성하는지 분석하며, 시 창작에 적용 가능성을 탐색해 본다.

(1) 활동지 양식

시 제목	창작 기법	시에 나타난 표현	나의 해석 또는 감상
그 꽃	묘사 중심 표현	"내려갈 때 보았네 / 올라갈 때 못 본 / 그 꽃"	관찰의 시선과 감정이 자연스럽게 연결됨. 사유보다 장면이 먼저 떠오름.

너에게 묻는다	간접 정서 표현 / 객관적 상관물	"연탄재를 함부로 발로 차지 마라"	연탄재에 감정을 이입함. 따뜻함과 소외를 동시에 느낄 수 있음.
그리움	형용 모순 / 상관물 / 묘사	"엄마 손 / 약손 / 그 온기로 / 힘낸다."	손이 '약'이라는 표현은 모순처럼 보이지만 마음의 치유가 전달됨.
의사소통	형용 모순 / 묘사 / 상관물	"가ㅡ가 / 그ㅡ가 가가 / … / 갔다 카데."	언어는 단순해도 마음은 통할 수 있다는 역설. 사투리가 감정을 대신함.

(2) 생각해 보기

① "따뜻한 사람"이라는 말을 하지 않고 어떻게 표현할 수 있을까?
② 형용 모순을 이용해 마음의 상태를 표현한다면?
③ 객관적 상관물을 하나 이상 반영해 보면?
④ 감정은 직접 말하지 말고 행위나 장면으로 표현한다면?
⑤ 마지막 행에서 반전, 여운을 주려면 어떤 방식이 효과적일까?

나. 창작 수업용 분석 틀

기준 항목	고은 「그 꽃」	안도현 「너에게 묻는다」	신기용 「그리움」	신기용 「의사소통」
기법 ① 묘사 중심 표현	◎	○	◎	◎
기법 ② 기승전결 구성	○	◎	○	◎
기법 ③ 형용 모순 사용	△	△	◎	◎
기법 ④ 객관적 상관물	◎ ('그 꽃')	◎ (연탄재)	◎ (엄마 손)	◎ (사투리)
기법 ⑤ 개념어 배제	◎	◎	◎	◎

기법 ⑥ 간접 정서 표현	◎	◎	◎	◎
기법 ⑦ 반전/여운 장치	◎ ("그 꽃")	◎ ("너는")	○	◎ ("서로 통하네")

◎ : 명확히 활용됨   ○ : 부분적 활용   △ : 유사한 맥락 존재

사. 7대 창작 기법으로 짧은 시 분석

시 ①

내려갈 때 보았네
올라갈 때 못 본
그 꽃

— 고은, 「그 꽃」 전문

번호	창작 기법	평가 및 적용 여부	구체적 분석
①	묘사 중심 표현	◎ 매우 적절	'그 꽃'은 구체적 심상이지만 설명 없이 제시되어 감각적으로 형상화됨.
②	기승전결 구성	○ 부분 적용	'내려갈 때–올라갈 때–그 꽃'의 순차적 구조가 시간성과 시선을 따라 짧은 서사 형성.
③	형용 모순 사용	△ 제한적 사용	형용 모순은 없으나, '보았네 ↔ 못 본'의 동사적 대비가 반전 효과를 유도함.
④	객관적 상관물 활용	◎ 매우 적절	'그 꽃'은 보지 못한 소중한 존재나 기회를 상징하는 객관적 상관물로 기능함.
⑤	개념어 배제	◎ 매우 적절	추상어 없이 구체 명사 '꽃', 동사 '보았네', '못 본'만으로 구성됨.
⑥	간접 정서 표현	◎ 매우 적절	상실, 후회, 깨달음 등의 정서를 직접 드러내지 않고 '보았네 / 못 본 꽃'으로 암시함.
⑦	강한 반전과 여운 장치	◎ 매우 적절	마지막 행의 '그 꽃'이 전부를 뒤집는 반전 장치. 정서적 여운이 매우 깊게 남음.

총평: 7가지 기법이 대부분 탁월하게 구현된 고밀도의 짧은 시이다. 심상 중심성과 정서의 절제, 여운의 미학이 결합된 대표적인 미니멀리즘 시이다.

시 ②

연탄재를 함부로 발로 차지 마라
너는
누구에게 한 번이라도 따뜻한 사람이었느냐

— 안도현, 「너에게 묻는다」 전문

번호	창작 기법	평가 및 적용 여부	구체적 분석
①	묘사 중심 표현	○ 적절	'연탄재를 발로 차지 마라'는 구체적 장면이지만 후반부에서 개념어 '따뜻한'이 포함됨.
②	기승전결 구성	◎ 매우 적절	1행 경고 → 2행 대상 지시 → 3행 질문으로 이어지는 강한 정서 흐름 형성.
③	형용 모순 사용	△ 부분 사용	직접적인 형용 모순은 없으나, '연탄재'와 '따뜻함'의 대비가 상징적 긴장을 유도.
④	객관적 상관물 활용	◎ 매우 적절	'연탄재'는 따뜻함과 희생을 상징하는 상관물로, 존재적 질문을 이끄는 매개체로 기능함.
⑤	개념어 배제	△ 부분 사용	'따뜻한 사람'은 다소 개념적이지만, '연탄재'라는 심상으로 그 의미를 구체화하려 함.
⑥	간접 정서 표현	◎ 매우 적절	화자의 감정(비판, 반성 요구 등)이 직접 표출되지 않고 질문과 행위로 유도됨.
⑦	강한 반전과 여운 장치	◎ 매우 적절	마지막 행의 반문이 독자를 찌르는 반전이자 여운의 핵심. 전환의 힘이 매우 강력함.

총평: 정서적 반전과 윤리적 질문이 응축된 시적 장면으로, 심상과 개념이 균형 있게 융합해 있다. 다소 직접적인 언어를 포함하지만, 상징성은 매우 높다.

시 ③

엄마 손
약손
그 온기로
힘낸다.

— 신기용, 「그리움」 전문

번호	창작 기법	평가 및 적용 여부	구체적 분석
①	묘사 중심 표현	◎	'온기'로 감정을 설명하지 않고 느끼게 함
②	기승전결 구성	○	간결하지만 온기→회복으로 흐름 존재
③	형용 모순 사용	◎	"손이 약이다"라는 정서적 진실과 논리의 충돌
④	객관적 상관물 활용	◎	엄마 손 = 그리움, 위로의 구체화
⑤	개념어 배제	◎	'사랑', '돌봄' 없이도 감정 전달
⑥	간접 정서 표현	◎	직접 감정 진술 없이 행위와 감각만으로 전달
⑦	강한 반전과 여운 장치	○	마지막에 정서 고조 있으나, 반전보다 정서의 심화에 가까움

이를 다시 보충 설명을 하자면, 아래와 같은 층위를 갖는다.

시어	직접 의미	감정적 의미	기능
엄마 손	손	돌봄, 위로	상관물
약손	손인데 약	마음의 위안	형용 모순
온기	물리적 온도	정서적 체온	감각 묘사
힘낸다	회복, 기운	정서적 지지	정서 간접 표현

'엄마 손'을 객관적 상관물로 끌어들였다. '엄마 손'은 단순한 신체 부위가 아니라, 그리움, 위안, 돌봄, 기억 속 따뜻함을 대신 전하는 정서적 대체물이다. 즉, 엄마 손 = 그리움의 객관적 상관물이다. 여기서 '그리움'이라는 추상 정서를, 구체적인 신체 행위(배를 문지르는 손)로 감각화한다.

총평: '손이 약일 수 있다.'라는 따뜻한 역설, '엄마 손' 하나로 전달해 나간다. 깊은 그리움, 이 두 가지가 짧은 시 한 편으로 완성을 이룬다.

시 ④

가―가
그―
가 가가
그
가꼬
갔다 카대.

서로
통하네.

― 신기용, 「의사소통」 전문

번호	창작 기법	평가	보완 설명
①	묘사 중심 표현	◎ 매우 적절	"가지고 갔다"는 단어의 동작성과 장면성을 부여한다. 실제로 무엇인가를 가져가는 장면을 간접적으로 형상화했다. 이는 시각적 묘사 없이도 동작을 느끼게 하는 감각적 형상화이다.
②	기승전결 구성	◎ 적절	"그 애가→그곳에→그것을 가지고→ 갔다 하더라"로 이어지는 구조는 짧은 구절 속에서 사건 전개의 흐름(짧은 서사)을 담고 있다.

	기법	평가	근거
③	형용 모순 사용	◎ 적절	"가지고 갔다"는 의미상 약한 충돌로서, 불필요한 반복 같지만 실제론 강조가 되며, 말의 긴장감을 형성한다. 또한 '말이 혼란스러운데 오히려 더 잘 통한다'는 구조 자체가 형용 모순적 상황이기도 한다.
④	객관적 상관물 활용	◎ 적절	'경상도 사투리'라는 언어 형식 그 자체가 감정, 정서, 친근함, 지역성을 상관물로 끌어안고 있다.
⑤	개념어 배제	◎ 적절	'소통', '이해', '전달' 등 어떤 개념어도 없이, 구체적인 구술 표현만으로 전체 상황과 의미를 유추하게 만든다.
⑥	간접 정서 표현	◎ 적절	누군가가 어딘가에 무언가를 가져갔다고 하는 행위가 사실은 행위 너머의 정서(이해, 수용, 공감)를 함축한다. 말은 엉성하지만 정서는 오히려 더 깊게 드러난다.
⑦	강한 반전과 여운 장치	◎ 적절	마지막 "서로 / 통하네"는 이 모든 혼란스러운 언어를 반전시켜 하나의 명료한 메시지로 귀결시킨다. 여운 또한 강하게 남습니다.

이를 다시 아래와 같이 7가지 창작 기법으로 요약해 본다.

기법	평가	근거
묘사 중심 표현	◎	"가지고 갔다"는 실제 동작을 떠오르게 하는 동작 묘사
기승전결 구성	◎	사건의 흐름이 뚜렷한 말 속 서사
형용 모순 사용	◎	반복과 혼란 속에서 역설적 통일이 일어나는 상황 모순과 어감 충돌
객관적 상관물 활용	◎	사투리 그 자체가 감정과 지역성의 상관물
개념어 배제	◎	모든 의미는 사투리와 동작 표현에 내재함
간접 정서 표현	◎	행동과 말투로 감정 전달, 직접 진술 없음
강한 반전과 여운 장치	◎	"서로 통하네"에서 모든 구절을 반전시키는 한 줄

총평: 시 「의사소통」은 단순한 언어유희를 넘어서, 혼란스러운 말들 속에서 감정은 더 명확하게 통하고, 모순은 오히려 더 큰 공감을 낳는다는 언어 철학적 성찰까지 품은 시이다.

5. 5가지 감정 흐름 창작 기법(감각 → 정동 → 감정 → 감동/공감 → 여운)

'정동'은 감정 이전의 비선언적 감각 흐름이다. 시는 이 흐름을 심상으로 포착해 언어화함으로써 '감정'으로 구조화하는 예술이다. 5가지 흐름은 비선형적이다. 선형으로 이루어지는 것은 아니다. 이 글에서는 흐름의 단계를 구분하려는 목적으로 흐름을 배열한 것이다.

가. 정동 개념의 철학적 기반과 문예적 적용: 들뢰즈(Deleuze), 마수미(Massumi), 톰킨스(Tomkins)를 중심으로

짧은 시 창작에서 자주 언급되는 '정동(情動, affect)' 개념은 단순한 감정(emotion)과는 구분되는 개념이다. 철학과 심리학, 신경과학 등을 통해 심화되어 왔다. 이 개념은 정서적 진동, 말해지기 이전의 감각적 떨림, 언어 이전의 감응적 흐름으로 이해된다. 특히 시 창작에 있어 독자와의 직접적 감응과 여운을 창출하는 중요한 기제로 작용한다.

정동 개념의 철학적 출발점은 스피노자(Baruch Spinoza, 1632~1677)에게서 찾을 수 있다. 그는 정동을 신체가 능력을 얻거나 잃는 상태 변화로 보았다. 어떤 사물이 인간에게 영향을 미친다. 이는 인간의 행위 능력이 변할 때 발생하는 감응적 상태로 설명했다. 이때 정동은 능력의 증감이다. 외부 세계와 접촉한 주체 내부의 변화이기도 하다.

이후 들뢰즈(Gilles Louis René Deleuze, 1925~1995)와 가타리(Pierre-Félix Guattari, 1930~1992)는 스피노자의 개념을 계승하면서도 한층 더 비표상적이고, 탈언어적인 차원에서 정동을 이해한다. 이들에게 정동은 감정이 언어로 명명되기 이전, 즉 '말로 표현되기 전'의 신체적·감각적 강도(intensity)이다. 정동은 심상 이전의 상태, 또는 언어로 포착되기 이전의 '움직임'이다. 시에서 말보다 먼저 다가오는 리듬, 공기, 감각적 떨림에 해당한다. 이는 특히 짧은 시에서 감정의 '설명'보다는 감각의 '포착'이 더 중요한 이유를 뒷받침한다.

이 흐름을 신경과학적 기반 위에서 확장한 인물이 브라이언 마수미(Brian Massumi, 1956~)이다. 그는 정동을 감정과 분명히 구분한다. 감정은 이미 명명된 상태, 반면 정동은 의식화되기 전의 원초적이고 미분화된 에너지라고 정의한다. 우리가 어떤 상황에서 '불현듯' 느끼는 무명의 떨림, 몸의 움찔함, 미묘한 긴장감 등이 바로 정동이다. 이러한 정동은 언어로 완전히 포착되기 어렵다. 시는 오히려 그 어려움 속에서 정동을 심상과 리듬으로 우회적으로 드러낸다.

예를 들어, "엄마 손 / 약손 / 그 온기로 / 힘낸다."(신기용, 「그리움」)와 같은 짧은 시는 명시적 감정어 없이, 온기라는 감각적 요소를 통해 정동적 위안을 전달한다.

한편, 심리학자인 실반 톰킨스(Silvan Solomon Tomkins, 1911~1991)는 정동을 인간의 기본적 동기 체계로 본다. 기쁨, 슬픔, 놀람, 수치심 등의 기초 정동들을 통해 인간의 표정, 목소리, 몸짓 등이 형성된다고 설명했다. 특히 그는 얼굴 근육의 미세한 움직임과 같은 비언어적 신체 표현이 감정의 기원이자 전달 방식이라고 보았다. 이는 짧은 시가 종종 표정처럼 짧고 강렬한 감정의 흔적을 지니는 이유와도 통한다.

이러한 철학적·심리학적 정동 개념은 짧은 시 창작에서 다음과 같이 실천적으로 활용될 수 있다. 정동은 언어 이전의 감각적 반응이다. 시는 이를 구체적 심상이나 리듬, 생략, 여백 등의 기법을 통해 '보여 주는' 예술이다. 감정을 직접 설명하기보다는, 독자가 그 감정의 떨림을 '느끼도록' 만드는 것이다. 이것이 곧 정동 기반 창작의 핵심이다. 예컨대, "소리 없는 아우성"이나 "텅 빈 의자에 김이 식는다"와 같은 구절은 말로 직접 표현되지 않는 상태를 강렬하게 감각화함으로써 정동을 형상화한다.

결국, 짧은 시 창작은 감정(emotion)을 '이야기'하지 않고, 정동(affect)을 '포착'함으로써 독자의 감응을 일으키는 문학 행위이다. 정동의 이론적 기반을 이해하는 것은 그 포착을 더욱 섬세하게 만들 수 있는 창작적, 교육적 기초이다.

나. 정동(affect)과 정서(emotion)의 위치

'정동'은 한국어에서는 "희로애락과 같이 일시적으로 급격히 일어나는 감정. 진행 중인 사고 과정이 멎게 되거나 신체 변화가 뒤따르는 강렬한 감정 상태이다. ≒정서."(《표준국어대사전》)라는 사전적 의미를 지닌다. '정서'와 비슷한 말이다.

유럽 전통에서 '정동(emotion)'은 '감정(emotion)'과 사실상 동의어이다. 유럽 이론 전통에서는 정동(affect)과 정서(emotion)는 철저히 구분한다. 한국어 사전이나 일상 언어에서는 이 둘이 혼용되거나, '정동'이 사실상 거의 사용되지 않는 개념이다. 최근 한국 인문학과 예술학계에서는 이 유럽식 구분을 받아들여, 특히 '정동 이론(affect theory)'이라는 이름으로 정동을 감정과 다른 층위의 미분화된 감응으로 연구하는 경향이 있다.

유럽(특히 영어권, 프랑스어권, 독일어권 학문 전통)에서는 일반적으로 '정서(emotion)'는 '감정'과 동의어로 간주한다. 다만, 언어권에 따라 미묘한 뉘앙스 차이가 존재한다. 이를 아래 표와 같이 요약한다.

한국어와 유럽어권에서의 정서와 감정

개념 구분	영어권	프랑스어권	독일어권	한국어
Emotion (정서)	감정 = 정서	감정 = 정서	감정 = 정서	감정 ⊂ 정서
Affect (정동)	감정 이전의 반응	감정 이전의 반응	감정 이전의 반응	'정서'와 혼용
Feeling (느낌)	(일상적 느낌)	Sentiment와 구분	Gefühl = 주관적 느낌	감정과 구별 잘 안 됨

다. 정동 이론 중심의 5가지 감정 흐름 이해하기

감각(Sensation)→정동(Affect)→감정(Emotion)→감동(Emotional Resonance)/공감(Empathy)→여운(Resonance)은 짧은 시 창작 기법에 매우 효과적이다. 창작 흐름을 짧은 시에 적용해 본다.

① **감각:** 시의 첫 번째 단계에서, 구체적인 감각적 심상(시각, 촉각, 청각 등)이 독자에게 강렬한 인상을 남기도록 한다. 이 단계에서 심상이 뚜렷하게 그려지면, 독자는 그 장면을 생생하게 떠올린다.

예: "바람에 흔들리는 나뭇잎"
짧은 시 적용: "창문을 두드리는 빗소리"

② **정동:** 감각이 일으키는 무명의 느낌이나 미세한 떨림이 이 시점에서 중요하다. 감각적 심상을 통해 불현듯 떠오르는 감정의 초기 상태를 포착하는 단계이다.

예: "미세한 떨림, 고요한 긴장"
짧은 시 적용: "깊은 밤, 잠든 도시의 숨결"

③ **감정:** 정동이 구체화되어 명명 가능한 정서로 발전하는 단계이다. 외로움, 그리움, 기쁨, 슬픔 등의 감정이 명확하게 나타나도록 시를 이끌어야 한다.

    예: "외로움, 그리움"
    짧은 시 적용: "손끝에 남은 너의 온기, 아직도 내 안에"

④ **감동/공감:** 독자와의 정서적 공유가 일어나는 단계이다. 독자가 시에 몰입하여 감동하거나 공감할 수 있도록 해야 한다. 이때 형용 모순이나 반전 등의 기법을 사용하면 효과적이다.

    예: "형용 모순, 반전"
    짧은 시 적용: "우리가 함께 있던 자리, 이젠 너의 그림자뿐"

⑤ **여운:** 시가 끝난 후, 독자에게 남는 잔상과 지속적인 의미 생성이 필요하다. 결말을 모호하게 남기거나 반복을 통해 여운을 강화하는 방법이 유효하다.

    예: "모호한 결말, 반복, 잔상"
    짧은 시 적용: "네가 떠난 후에도, 내 안에서 너는 여전히"

라. 짧은 시에 접목 효과

이 흐름을 짧은 시에서도 효과적으로 적용할 수 있다. 각 단계는 감각적 자극을 통해 독자의 감정을 점차적으로 이끌어 내고, 감동을 주고, 마지막에 여운을 남기는 구조로 발전하기 때문이다.

감각→정동→감정으로 감정을 세밀하게 풀어낸다. 감동/공감→여운 구조를 제공하며, 짧은 시의 독특한 미학적 특성을 그대로 담을 수 있다. 여운 단계에서 독자와의 정서적 연결을 강화하고, 여운을 남겨 시의 지속적인 감동을 유도할 수 있다.

따라서, 짧은 시 창작에 있어 이 5단계 감정 흐름은 자연스럽고 강력한 메시지를 던질 수 있다. 이를 기초로 4편의 짧은 시를 다시 읽어 본다.

> 엄마 손
> 약손
> 그 온기로
> 힘낸다.
>
> ― 신기용, 「그리움」 전문

"엄마 손 / 약손 / 그 온기로 / 힘낸다."는 짧지만, 깊은 울림이 있는 시로 평가받는다. 이 시를 감각→정동→감정→감동/공감→여운의 흐름으로 분석해 본다.

① **감각**

"엄마 손 / 약손"은 촉각적 심상이다. '엄마 손'이라는 말에서 따뜻하고 부드러운 촉감을 연상한다. 구체적 경험을 끌어들였다. 어린 시절 배가 아플 때 엄마가 손으로 배를 쓰다듬으며 "약손"이라고 말하던 기억을 떠올리게 한다. 이 단계에서는 물리적인 접촉과 온기가 중심이다.

② **정동**

"그 온기로"는 정동이다. 정동은 감각이 아직 언어로 구체화되기 전, 몸이 먼저 반응하는 감정의 원초적 움직임이다. '그 온기'는 단순히 따뜻함을 넘어 안정감, 보호받고 있다는 느낌을 동반한다. 이 따뜻함이

몸 전체로 퍼지면서 심리적 평안과 이완을 불러온다.

③ 감정
"힘낸다."는 감정이다. 정동이 구체적인 언어와 의미를 통해 감정으로 나타난다. 따뜻한 손길과 온기를 통해 위로받은 경험이 '힘을 낼 수 있는 상태'로 표현한 것이다. 이 시행은 감정의 전환을 보여 준다. 불안이나 아픔에서 위안과 회복으로 전환하는 기능을 한다.

④ 감동/공감
이 짧은 시를 접한 사람들은 대부분 비슷한 기억이나 경험이 있어 자연스럽게 공감한다. '엄마', '온기', '힘낸다'는 보편적이면서도 강력한 정서적 연결고리를 제공한다. 감동은 단지 감정이 강해지는 것이 아니라, 타인의 경험이 내 경험처럼 느껴질 때 일어난다.

⑤ 여운
시가 끝난 후에도 마음속에 오래 남는 울림이 있다. 짧지만 강렬한 정서의 파장이 독자에게 잔잔하게 남아, 자신의 삶과 감정을 돌아보게 한다. 여운은 이 시의 미덕 중 하나이다. 단순하지만, 깊은 울림은 언어의 최소화와 감정의 최대화를 보여 준다. 이를 요약하면 아래와 같다.

단계	내용
감각	엄마 손의 따뜻한 촉감
정동	몸으로 느껴지는 온기와 안정감
감정	위로받고 힘이 나는 느낌
감동/공감	보편적인 경험에 대한 깊은 공감
여운	짧지만 깊은 정서적 울림이 마음에 오래 남음

이 시는 짧지만, 구조적으로 감각에서 여운까지의 감정 흐름이 매우 자연스럽고 강력하게 구현한 작품이다.

가—가
그—
가 가가
그
가꼬
갔다 카대.

서로
통하네.

— 신기용, 「의사소통」 전문

인용 짧은 시 「의사소통」은 언어적 실험을 통해 의사소통의 본질과 그 문제를 탐구하는 작품이다. 이 시는 매우 간결하고 단순한 언어로 구성했지만, 그 안에 깊은 의미를 내포한다. 형식과 내용이 서로 긴밀하게 연결 지어 나간다. 5단계 창작 흐름에 맞춰 분석해 본다.

① 감각

인용 짧은 시에서 구체적인 감각은 경상도 사투리로 의사소통하는 청각적 심상이 지배적이다. '가', '그', '가꼬'와 같은 반복적인 음절들이 소리로서 청각적 자극을 제공한다. 경상도에서는 '가'라는 한 단어만으로도 충분히 의미를 서로 나눈다. 내부에서 촉각적 심상이 녹아 흐른다. '가꼬 가가'는 '가지고 가서'라는 의미의 촉각적 심상이다.

특히 '가 가가', '그' 같은 음향적인 반복은 시각적으로는 단순하지만, 소리의 반복을 통해 언어의 리듬과 소리의 의미에 주목할 수 있다. 이 반복적 소리의 리듬은 경상도 사람이 아니라면 의사소통의 어려움과 함께 혼란스럽다. 이를 상징적으로 표현한 것이다.

② 정동

인용 짧은 시는 언어의 의미가 불명확하게 반복하는 구조이다. 그 자체로 혼란과 부조리를 불러일으킨다. 이 시에서 촉각적 심상과 언어 의사소통이라는 경상도 사투리를 청각적 심상으로 표현했다. 경상도 사투리를 구사하지 못하는 사람들에겐 '가'와 '그'의 반복적 언어가 어떤 뜻도 명확히 전달할 수 없는 상황을 그려 낸 것이다. 이런 점에서 불안정하고 모호한 정동을 유발한다.

정동은 언어의 단절과 의사소통의 실패를 암시한다. 언어가 전달되지 않는 상황에서의 불안이나 고립감을 느낄 수 있다.

③ 감정

시는 그 자체로 정서적 결실을 명확하게 표현하기보다는, 의사소통의 부재나 불완전함을 주제로 삼는다. 여기서 감정은 소통의 단절을 경험하는 불안, 좌절, 혼란 같은 정서로 나타날 수 있다.

'가꼬 갔다 카대.'라는 경상도 사투리 음절의 배열은 의사소통에서 언어가 얽히고 뒤엉키는 상황을 의미한다. 이는 감정의 혼란을 불러일으킬 수 있다. 말이 제대로 전달되지 않음으로써 사람 간의 거리감이나 소외를 암시한다.

④ 감동/공감

감동이나 공감의 측면에서 이 시는 독자가 이 시의 불완전한 의사소통의 맥락에 공감할 수 있도록 유도한다. 일상적인 대화에서 느낄 수 있는 소통의 난관을 드러낸다. 이 시는 사회적 소통의 어려움을 겪고 있는 독자에게 공감을 불러일으킬 수 있을 것이다.
언어의 반복과 의미의 모호함이 불완전한 의사소통을 상징한다. 혼란스러운 소통의 순간을 시적 심상으로 전달한다. 이 점에서 독자는 소통의 단절이나 이해할 수 없음에서 오는 감정적 혼란을 공감할 수 있다.

⑤ 여운

시의 결말인 "서로 통하네."에서 여운을 크게 남긴다. 반복적이고 불명확한 언어적 표현 뒤에 등장하는 이 문장은 반전의 효과를 가진다. "서로 통하네."는 불완전한 의사소통의 끝에서 이해와 소통의 가능성을 암시한다. 나아가 독자에게 희망이나 완전한 소통에 대한 기대를 남긴다.

모호하고 불완전한 의사소통에서 '서로 통하는' 순간으로의 전환은 시를 읽은 후에도 '소통의 진정성'에 대해 여운을 남긴다. 이 시는 불완전한 의사소통을 통해 언어의 한계와 인간관계에서 소통의 중요성을 다시금 생각하게 한다.

이를 다시 요약해 본다.
① **감각:** 반복되는 음절과 소리의 리듬이 언어의 혼란을 상징적으로 나타낸다.
② **정동:** 의사소통의 부재나 혼란에서 느껴지는 불안과 혼란을 불러일으킨다.
③ **감정:** 불완전한 소통에서 오는 좌절, 소외, 고립감을 암시한다.
④ **감동/공감:** 독자는 이 시의 소통의 문제에 공감하면서, 언어의 한계에 대한 인식을 공유할 수 있다.
⑤ **여운:** 마지막 "서로 통하네."에서 소통의 가능성을 암시하며, 희망적인 메시지를 남긴다.

인용 짧은 시는 의사소통의 한계를 형식적 실험을 통해 탐구하면서, 그 안에서 소통의 가능성과 불완전함에 대해 여운을 남기는 작품이다.

6. 짧은 시에 유용한 아이러니 기법

아래의 한하운과 신기용의 짧은 시는 단지 장난이나 우연이 아니라, 정교한 언어적 장치와 실험을 담은, 현대시의 경계를 넓히는 작품이다. 이들은 아이러니의 미학을 통해 독자에게 예상 밖의 사유의 문을 열어 주며, 시에 대한 고정관념을 해체하고, '시란 무엇인가?'에 대한 질문을 던지게 만든다.

결과적으로, 작법상으로나 내용상으로 모두 기교가 뛰어난 시이다. '촌철살인'보다 더 미묘한 지적 유희와 미학적 정교함이 숨어 있는 시이다. 이를 읽어 본다.

> 가갸 거겨
> 고교 구규
> 그기 가.
>
> 라랴 러려
> 로료 루류
> 르리 라.
>
> — 한하운, 「개구리」 전문

> 가—가
> 그—
> 가 가가

그
가꼬
갔다 카대.

서로
통하네.

— 신기용, 「의사소통」 전문

한하운의 「개구리」, 신기용의 「의사소통」을 아이러니 기법, 나아가 알라존(alazon)과 에이런(eiron)의 고전 희극적 인물 구조에 연결한 관점은 뛰어난 기교라 할 수 있다.

가. 작법적 측면: 언어 실험과 형식의 미학

이 시들은 단순히 '말장난'을 넘어, 언어의 음성적 질감, 지역 방언, 의미와 무의미의 경계 실험 등을 통해 시의 경계를 확장한다.

한하운의 「개구리」는 "가갸거겨…" 식의 청각적 반복 리듬을 이용하여 한글 학습의 발성을 개구리 울음소리에 겹쳐 놓았다. 의미는 없어 보이지만, 동심, 귀여운 환상, 청각 심상의 시적 유희가 녹아 있다.

신기용의 「의사소통」은 방언이라는 지역 언어의 특수성을 전면에 내세운다. 그 안에 담긴 소통 구조를 형식 실험으로 표현한다. "갔다 카대" 같은 경상도 방언은 의미 전달을 넘어서 악센트의 강세와 리듬 자체가 시의 내용이다. 경상도 사투리는 악센트를 중시하는 언어이다. 이를 고려하면 쉽게 풀린다.

이들은 모두 시어의 전통적인 의미성보다, 언어의 소리, 구조, 엑센트, 맥락을 중시하는 현대적 시적 실험이라 할 수 있다. 이는 입체파적 시 세계나 다다이즘적 언어유희와도 닿아 있다.

나. 내용적 측면: 아이러니와 시적 태도

알라존(alazon)과 에이런(eiron) 개념을 적용한 것은 탁월한 선택이다. 알라존은 허세를 부리고 과장하는 인물이다. 에이런은 겸손하거나 어리숙한 척하면서 진실을 드러내는 인물이다.

이 두 시는 모두 겉보기에 '시답지 않은 시' 또는 '익살맞은 시'처럼 보이지만, 실은 언어와 세계를 보는 깊은 통찰과 실험 정신을 숨기고 있다.

"이게 시야?"라고 생각하게 만드는 순간, 오히려 시에 대해 더 근본적인 질문을 하게 만든다. 이 아이러니는 시의 본질에 대한 반성적 성찰로 이어진다. 말장난 같지만, 언어로 된 인간 현실을 통찰하고, 방언을 쓰지만, 지역성과 보편성의 간극을 드러낸다. 유치해 보이지만, 형식적 미감과 풍자 의식이 탁월한 시이다.

이런 시들은 현대시의 언어적 모험성과 미학적 치열함을 함축하고 있어, 기교 면에서 매우 뛰어나다고 평가할 수 있다.

7. 짧은 시 창작 기법의 메타 비평적 시각

문예 이론은 창작을 이해하고 설명하는 데 중요한 도구이다. 그것이 창작의 전 과정을 완벽히 규정하거나 재현할 수는 없다. 이론은 창작자의 작업에 해석의 틀을 제공할 뿐이다. 실제 창작 과정에서 작가가 겪는 감정적 고민이나 미묘한 판단의 순간까지 포착하지는 못한다.

따라서 이론을 창작에 적용할 때는 단순히 이론을 수용하는 데 그치지 않는다. 이론과 실제 창작 사이의 간극을 인지한다. 그 의미를 성찰하는 메타 비평적 시각이 필수적이다.

이론은 창작자의 표현 가능성을 확장시키는 역할을 한다. 반드시 창작의 '주 도구'는 아니다. 창작은 언제나 맥락에 따라 변형하고 재구성하는 과정이다. 특정 이론 개념도 창작 현장에서는 고정된 규칙이나 절대적 기준으로 작용하지 않는다. 예를 들어 '전경화(foregrounding)' 개념은 단순한 기법 이상의 의미를 가진다. 창작자의 주의 환기나 감정 유도의 전략으로 새롭게 해석하여야 한다.

또한, 뛰어난 창작물은 종종 기존 이론의 경계를 넘어선다. 이를 통해 이론 자체도 재검토되고 발전한다. 즉, 이론은 창작을 평가하는 절대적 잣대가 아니다. 창작 이후의 해석을 풍부하게 하는 하나의 '지도' 역할을 한다. 따라서 창작자는 이론을 적용하면서 "이 이론이 내 작업에 왜 완벽히 들어맞지 않는가?", "어떤 부분을 간과하였는가?"와 같은 질문을 던져야 한다. 이러한 반문 과정이 곧 메타 비평적 성찰이다.

결국, 이론과 창작 사이의 '불일치'나 '오차'는 단순한 한계가 아니다. 창작자에게 새로운 사고와 질문을 불러일으키는 계기로 작동한다. 이론 적용에는 반드시 이처럼 자기 성찰적이고 비판적인 시선을 수반해야 한다. 이를 통해 창작과 비평은 서로 긴장과 상호 작용 속에서 성장할 수 있다.

8. 나가기

짧은 시는 그 자체로 간결하고 응축된 형식을 가진 문학 양식이다. 짧은 시의 목적은 간단한 언어와 구조를 통해 감정이나 사유를 심도 있게 전달하는 데 있다. 주로 한 줄에서 열 줄(혹은 다섯 줄) 이내의 길이로, 읽는 이에게 강렬한 심상이나 깊은 감동을 남기기 위해 최소한의 표현만을 사용한다. 이러한 특성으로 인해 짧은 시는 더욱 집중력 있고, 여운을 주는 특유의 매력을 지닌다.

짧은 시의 기본적인 특징은 간결한 언어, 강한 심상, 직관적인 감정 전달이다. 대부분의 짧은 시는 자유시 형식을 취한다. 시조와 같은 전통적인 형태를 현대적인 감각으로 재구성하기도 한다. 이 시들은 은유와 상징을 활용하여 직접적으로 감정을 표현하는 대신, 독자가 시의 내용을 상상하고 해석하도록 유도하는 경향이 강하다. 예를 들어, 고은의 「그 꽃」이나 안도현의 「너에게 묻는다」와 같은 작품은 짧은 분량 속에서 깊은 의미를 전달한다.

짧은 시 창작에서 중요한 것은 단어 하나하나의 선택과 배열이다. 한 줄 또는 몇 줄의 시적 언어 속에서 감동을 전달하려면 그만큼 간결하면서도 풍부한 함축성을 지닌 언어를 사용해야 한다. 따라서 짧은 시 창작의 기법은 언어의 압축, 심상의 강렬함, 여백을 이용한 해석의 여지 등에서 중요한 역할을 한다.

짧은 시를 창작하는 과정은 몇 가지 단계를 거쳐 이루어진다. 첫 번째 단계는 찰나 포착이다. 이 단계에서 시인은 한순간의 감정이나 사물을 포착한다. 그것을 시로 바꿀 가치가 있는 심상이나 생각으로 형성한다.

두 번째 단계는 언어 다듬기이다. 이 시점에서 시인은 불필요한 단어나 표현을 생략하고, 단어의 선택과 배열에 주의하여 더욱 간결하고 강렬한 표현을 만든다.

세 번째 단계는 여백 만들기이다. 여백은 독자가 자신의 상상력으로 채울 수 있는 공간을 제공한다. 짧은 시는 이 여백을 통해 독자와의 감정적, 지적 소통을 이루기 위해 의도적으로 의미를 생략하거나 압축한다.

네 번째 단계는 리듬 만들기이다. 시는 종종 그 자체의 리듬을 중요시한다. 글의 흐름과 호흡을 자연스럽게 조절하여 독자가 시를 읽을 때 그 흐름에 따라 감정의 고조를 느낄 수 있도록 한다.

마지막으로 제목 붙이기는 짧은 시의 전체적인 맥락을 암시하거나 반전을 주는 중요한 작업이다. 제목이 시의 의미를 이끌어 내거나, 또는 시의 감동을 배가시킬 수 있다.

짧은 시에서 자주 사용되는 표현 기법은 은유, 상징, 생략, 절제 등이다. 은유와 상징을 활용하면 직설적인 표현 없이도 감정이나 개념을 풍부하게 전달할 수 있다. 예를 들어, "겨울 바람"이나 "흰 구름"과 같은 표현은 구체적인 자연의 심상을 통해 추상적인 감정을 상징적으로 나타낼 수 있다. 색채어는 낡은 표현으로 전락할 수 있기에 신중하게 선택하여야 한다.

생략과 절제는 짧은 시에서 매우 중요한 기법이다. 불필요한 설명을 배제하고, 최소한의 언어로 의미를 전달하는 방식이다. 독자는 남은 여백을 채우는 데 있어 더 큰 참여감을 느낀다. 짧은 시는 종종 이 여백을 통해 독자가 각자 다른 해석을 내놓을 수 있는 여지를 남긴다.

짧은 시를 창작할 때 활용할 수 있는 7가지 핵심 기법은 다음과 같다. 첫 번째는 묘사 중심의 표현이다. 감정이나 생각을 직접적으로 말하기보다는, 구체적인 심상과 감각적 표현을 통해 독자가 그 감정을 추론하게 만든다.

두 번째는 기승전결 구조를 사용하는 것이다. 이 구조는 시에 자연스러운 흐름을 주어 감정의 변화를 강조한다.

세 번째 기법은 형용 모순을 사용하여 독자의 생각을 자극하는 것이다. 이는 상반된 두 가지 의미를 결합함으로써 긴장감이나 복합적인 의미를 전달한다.

네 번째는 객관적 상관물 기법으로, 감정이나 개념을 구체적 사물이나 장면에 투영하여 보다 입체적인 표현을 만든다.

다섯 번째는 개념어 배제이다. 추상적인 개념 대신 구체적인 심상과 사물을 사용하여 독자가 더 쉽게 공감하고 이해할 수 있도록 한다.

여섯 번째는 간접 정서 표현이다. 감정을 직접적으로 서술하기보다는 상황이나 행위를 통해 감정을 간접적으로 전달한다.

마지막으로, 일곱 번째는 강한 반전과 여운이다. 마지막 구절에서 반전이나 여운을 주어 시의 여운을 강하게 남기고 독자에게 깊은 인상을 남긴다.

짧은 시 창작은 그 자체로 감정이나 사유를 압축하여 강한 충격을 주는 문학 형식이다. 이를 창작하기 위해서는 심상의 강렬함과 언어의 간결함, 여백을 활용한 해석의 여지가 필수적이다. 다양한 창작 기법들을 통해 짧은 시는 한순간의 감정이나 깊은 철학적 사유를 압축적으로 전달할 수 있다. 이는 독자에게 강렬한 인상과 감동을 남기게 한다.

짧은 시 창작 기법
요점 정리

1. 짧은 시란 무엇인가

정의: 최소한의 언어로 최대한의 감정과 의미를 담은 고밀도 시.
문학적 특징: 언어 절제, 심상 응축, 여운과 상징 중시.
역사적 맥락: 시조, 하이쿠, 절구 등에서 유래. 현대에는 디카시, 미니멀 시 등으로 발전.
현대적 경향: 디지털 감각, 심상 중심, 즉흥성과 압축성 강조.

2. 짧은 시의 특징

문학적 효과
정서 농축: 짧지만 감정 밀도 높음.
해석 여백: 독자의 상상 작동.
리듬과 호흡: 줄바꿈, 여백 활용.
기억의 강도: 짧기에 기억에 남기 쉬움.

3. 창작 5단계 절차

찰나 포착: 감정/장면의 순간 포착.

언어 다듬기: 생략·반복·전환으로 압축.
여백 만들기: 직접 말하지 않음으로 암시.
리듬 만들기: 줄 바꿈과 어조로 리듬 형성.
제목 붙이기: 반전 또는 함축을 담은 제목.

4. 자주 쓰이는 표현 기법

은유: 감정이나 개념을 심상으로 표현.
형용 모순: 낯설고 신선한 긴장감 유도.
공감각: 감각의 혼합 표현.
생략과 절제: 말하지 않음으로 감정 암시.

5. 짧은 시 창작 7대 기법

기법	설명	예시
① 묘사 중심 표현	감정보다 심상으로 표현	"불 꺼진 창에 입김이 흐른다"
② 기승전결 구성	짧은 서사 구조 설계	"기억도 지운다"
③ 형용 모순	상반 개념 결합	"부드러운 절망"
④ 객관적 상관물	감정 → 사물/장면 투영	"손에 묻은 흙 / 어제의 이름"
⑤ 개념어 배제	추상 대신 구체적 심상	"슬픔" → "텅 빈 의자에 김이 식는다"
⑥ 간접 정서 표현	감정 대신 행동/정황 묘사	"그릇 하나, 소리 없이 부서졌다"
⑦ 반전과 여운	마지막 줄 반전 또는 긴 여운	"기다렸는데 / 네가 아니었다 / 그림자였다"

6. 핵심 표현 전략

형상화(形象化): 추상적 감정을 감각적 심상으로 변환. 주 수단: 은유, 직유, 환유, 의인화.
전경화(前景化): 언어를 비일상적으로 바꾸어 독자의 감각을 자극함.
모순 어법: "소리 없는 아우성"
과잉 의식 어법: 문법 파괴, 낯선 배열
이상화(理想化): 현실 초월한 이상적 상태 묘사.
상대적 이상(실현 가능)/절대적 이상(환상적)/이상향/이상형 등 포함

7. 형상화, 전경화, 이상화 비교

구분	형상화	전경화	이상화
정의	추상 → 구체 심상	감정·대상 부각	이상적 상태 표현
기능	감정 시각화	정서 흐름 강조	이상 감성 유도
효과	생생한 전달	감정선 집중	초월적 정화 효과
예시	"슬픔은 녹슨 종처럼 울렸다"	"달빛 아래 떨고 있는 손가락"	"청노루 / 맑은 눈에 // 도는 / 구름"

8. 주의 사항

형상화: 낡은 심상 피하기.
전경화: 지나친 강조는 불균형.
이상화: 현실 도피처럼 보이지 않도록 주의.

제3장

디카시 창작 기법

디카시는 사진과 시를 결합한 디지털 시대의 실험적 문학 형식이다. 대중성과 접근성에서 긍정적 평가를 받지만, 창조적 상상력과 문학적 완성도에서는 여전히 한계를 보인다. 학계에서는 아직 문학 갈래가 아닌 문화 현상으로 본다. 문학으로 자리 잡기 위해선 창작 기법의 고도화와 제도적 정착이 필요하다. 공감형 창작 방식과 수용 미학적 접근을 통해 디카시의 문학적 깊이와 독자 참여를 강화할 수 있다.

디카시, 문학 갈래인가 현상인가
- 문학적 가능성과 비평의 과제

1. 들어가기

 일부 평론가는 디카시 중 상위 10~20% 내외의 작품만이 시적 완성도나 통합적 예술성에서 높은 평가를 받는다고 추정한다. 대부분은 '시와 사진의 단순 결합'에 머물거나, 시적 역할보다 심상 보조에 그친다고 본다.
 디카시(디지털카메라+시)는 사진과 시를 결합한 문화 현상이다. 디카시 관련자들은 새로운 형식의 문학 갈래라고 주장한다. 하지만 학계에서는 이를 인정하지 않는다. 문화 현상 정도로 인식한다. 즉흥적이고 감각적인 표현이 특징이다. 주로 사진 한 장과 짧은 시 한 편이 하나의 작품을 구성한다. 이러한 독특한 형식에는 몇 가지 한계가 존재한다.

2. 필자의 디카시 비평: 균형 잡힌 시선의 핵심 내용

 필자는 2024년에 '디카시야, 현실 설명에서 벗어나자'라는 제목으로 디카시에 대한 비판과 발전 방향을 제시하는 균형 잡힌 시선으로 비평문을 발표한 적이 있다. 그 내용의 균형성을 아래와 같이 읽어 본다.

가. 디카시의 형식적 실험과 시대적 의미는 분명하다

"디카시는 디지털 문화가 낳은 새로운 시적 언어의 가능성을 보여 준다."라고 평가했다. 디카시는 사진과 시를 결합한 독특한 실험적 문학 갈래로, 디지털 미디어 환경에서 시각적 감수성과 언어 표현의 융합 가능성을 탐색하는 시도로 평가한다. 특히 정보 과잉과 시각 문화가 지배하는 현대에서 새로운 시적 언어 실험이라는 점에서 가치를 인정한다.

나. 시로서의 문학적 완성도는 아직 부족하다

"디카시의 텍스트는 사진의 부연 설명에 그치고, 현실을 뛰어넘는 시적 상상력을 창출하지 못한다."라고 평가했다. 디카시가 형식적 새로움에 집중하는 나머지, 문학 본연의 시적 상상력과 심층적 의미 생산에서 미흡하다고 지적한다. 디카시 텍스트가 사진에 대한 단순한 설명이나 감상에 머무르는 경우가 많아, 독자에게 깊은 해석의 여지를 주지 못한다는 점을 비판한다.

다. 현실 묘사에서 벗어나야 한다

"디카시가 현실 묘사에서 벗어나 시적 상상력과 내면적 성찰을 담아내야 한다."라고 강조한다. 시는 단순히 현실을 '보여 주는' 것이 아니라, 현실을 '재구성'하고, '초월'하는 언어의 힘을 갖춰야 한다는 점을 강조한다. 디카시는 아직 그 '초월성'이나 '재해석의 힘'을 충분히 발휘하지 못하고 있다고 본다.

라. 문학적 가능성을 열어 두면서도 엄격한 평가 필요

"디카시의 문학적 미래는 창작자와 비평가의 치열한 노력에 달려 있다."라고 본다. 디카시를 완전히 부정하지 않고, 성장 가능성이 있는 새로운 시적 실험으로 인식한다. 다만, 이를 문학으로 인정받기 위해서는 더 깊은 언어적 성찰과 미학적 완성도를 갖추어야 한다고 엄격히 주문한다.

마. 종합 평가

긍정적 측면에서 보면, 디지털 시대의 시각 언어 실험으로서 가치, 사진과 텍스트의 결합 시도, 새로운 감수성 발현 가능성, 성장 가능성 존재 등이다.

비판적 측면에서 보면, 시적 상상력과 심층성 부족, 현실 묘사에 머무르는 설명적 언어, 낮은 문학적 완성도, 문학 갈래로 자리 잡으려면 작품 수준 향상 필요 등이다.

필자의 비평은 디카시를 단순한 유행이나 형식 실험으로 치부하지 않으면서도, 시 갈래로서 문학적 자격을 갖추기 위해 반드시 극복해야 할 본질적 한계를 명확히 제시하는 균형 잡힌 시각이다. 디카시의 미래를 긍정적으로 보면서도, '현실 설명에서 벗어나 창조적 상상력을 발휘하는' 문학으로 성장하기 위한 과제를 엄중히 요구한다.

3. 디카시의 한계

가. 형식의 제한성

사진 1장+짧은 시라는 정형화된 구조는 창작의 자유를 일정 부분 제한할 수 있다. 복잡한 서사나 깊은 철학적 성찰보다는 순간적인 감정이나 심상을 중심으로 표현하기 쉽다.

나. 예술성의 불균형

사진과 시 중 어느 하나에만 치우칠 위험이 있다. 사진이 너무 강렬하면 시가 부수적으로 느껴질 수 있다. 시가 너무 문학적이면, 사진이 단순한 삽화처럼 보일 수 있다. 두 매체 간의 유기적인 결합이 어려운 경우, 작품이 어색하거나 일관성이 떨어질 수 있다.

다. 즉흥성에 따른 깊이 부족

디카시는 종종 즉흥적으로 찍은 사진과 짧은 문장으로 구성한다. 깊이 있는 주제나 정교한 언어 구사보다는 감각에 의존하는 경향이 있다. 이는 문학으로서 내러티브 완성도나 철학적 함의가 약할 수 있다.

라. 수용자에 따른 해석의 한계

독자가 사진과 시를 함께 보며 느끼는 감정은 개인차가 매우 크다. 디카시가 말하고자 하는 바가 명확하지 않을 경우, 독자에게 혼란이나 의미 전달의 어려움을 줄 수 있다.

마. 디지털 기술에의 의존성

디지털 기기(카메라, 스마트폰 등)를 기반으로 하므로, 기술에 대한 접근성과 숙련도에 따라 창작의 질이 좌우될 수 있다. 아날로그적 감성과의 거리, 혹은 기술 중심 표현의 상업성 문제도 제기될 수 있다.

바. 소결론

디카시는 현대적인 감각과 시각적 매체를 결합한 흥미로운 문학 형태이지만, 그 즉흥성, 형식적 제약, 예술성의 균형 문제 등에서 한계를 보인다. 따라서 디카시를 문학 갈래로 정립하려면, 형식과 내용의 조화, 창작 의도와 수용자 해석 간의 간극을 줄이는 노력을 병행해야 한다.

4. 디카시는 문학 갈래인가, 현상인가

문학 갈래란, 일정한 형식, 구성 요소, 표현 방식을 갖춘 문학의 분류 체계이다. 예를 들면, 시, 소설, 희곡, 수필 등이 있다. 문학 현상이란, 문학의 외적 환경 변화, 문화적 흐름, 사회적 반응 등에 따라 생겨나는 일시적이거나 새로운 형태의 문학적 움직임이다.

가. 문학 갈래로 보는 관점

디카시는 일정한 형식이 있다. 사진 1장+시 1편, 이미지와 텍스트의 결합이다. 문예지를 비롯해 디카시 공모전, 디카시집 출판, 디카시 비평 등도 이루어지고 있다. 이에 따라 일부 평론가와 작가들은 디카시를 '새로운 시 갈래'로 본다. 디카시를 "시의 새로운 변이 형태, 현대적 시 갈래"로 규정하는 사람도 있다.

나. 문학 현상으로 보는 관점

디카시는 디지털 기술과 스마트폰 보급 이후 나타난 현대 문화의 반영이다. 문학의 미디어 환경 변화에 따라 생겨난 일시적 창작 방식일 수 있다. 정형성 부족(반드시 사진+시는 아님), 문학성 논란 등으로 인해 문학 갈래로 정착되기엔 불안정하다는 의견도 있다.

교과서에 수록한 사례가 한 건 있지만, 아직 문학사적으로 제도화(문학 이론 정립 등)가 완전히 이루어지지 않았다.

다. 소결론

디카시는 '문학 갈래로 자리 잡으려는 문학 현상'이라고 정리할 수 있다. 현재는 일종의 새로운 시적 표현 양식 혹은 미디어 시 실험으로서 현상적 성격이 강하다. 갈래로 정착해 나가고자 하는 문학적 시도와 제도화 노력이 계속되고 있다는 점에서 "문학 갈래로 발전 중인 문화 현상"이라 보는 것이 가장 균형 잡힌 시각이다. 그러나 학계의 시선은 명확하다 문화 현상이다.

5. 왜, 학계에서 정식 '문학 갈래'로 인정받지 못하는가

가. 정형성과 이론적 체계 부족

전통적인 문학 갈래(시, 소설, 희곡 등)는 수백 년의 역사와 명확한 형식적, 내용적 규범, 비평 이론을 가지고 있다. 디카시는 사진과 시를 결합한 실험적 형태로, 아직 형식이 안정되지 않았고, 문예사조나 이론적 체계가 충분히 축적되지 않았다. 창시할 때부터 문학 이론 논리를 비롯하여 창작 이론 논리가 빈약하다. 이론적 오류도 내재해 있다.

나. 작품성과 문학성 논란

사진과 시의 결합이 문학적으로 어떤 가치를 갖는가에 대한 비평적 합의가 부족하다. 단순한 감각적 조합이나 감성 표현 수준에 머무르는 경우가 많아, 문학으로서 완결성이나 깊이에 의문을 제기하는 학자들이 많다.

다. 제도화되지 않음

디카시는 문학 교육 체계나 문단 중심의 문학 갈래 분류에 포함되지 않는다. 예를 들면, 국어 교과서, 대학교 문예창작학과 커리큘럼, 문학 백과 등에 독립 갈래로 분류하지 않는다. 소수이긴 하지만, 디카시를 기반으로 성인 학습 교과목으로 채택하는 대학도 있다.

또한, 소수의 문예지에서 디카시 공모전을 통해 신인을 배출한다. 지역 문학 활동 중심으로는 활발하지만, 문학 제도 내 '갈래'로 자리 잡지 못한 상태이다.

라. 소결론

디카시는 현재 학계나 문예 제도에서는 '정식 문학 갈래'로 인정하지 않는다. '현대적 문학 현상' 혹은 '새로운 시적 표현 양식' 정도로 평가한다. 물론, 일부 작가나 평론가가 문학 갈래로서의 가능성을 주장하고 있다. 그것은 문학 외적(문화적, 기술적) 맥락에서의 확장 가능성을 말하는 것이지, 문학 이론적으로 인정된 갈래라는 의미는 아니다.

6. 디카시 완성도 문제: 구체 사례

가. 사례 ① 창시자의 초기 작품들

창시자의 초기 디카시는 문학적 완성도 면에서 대체로 평범하거나 함량 미달이라는 평가가 많다. 사진과 시를 단순 병치하거나, 시적 깊이 부족으로 인해 '그저 사진 설명'에 그친다는 지적이 있다.

나. 사례 ② 신춘문예 당선작 중 일부

지역 신문의 신춘문예 당선작들이 문학 갈래로의 발전을 위해 적극 선발된 점은 긍정적이다. 하지만 다수 작품이 시로서의 독창성이나 언어적 긴장감이 약하고, '친분에 의한 선정' 혹은 '내부 평가자의 자화자찬'이라는 비판이 존재한다.

다. 심층 비평: 핵심 문제점

① 형식 실험에 편중된 창작 경향

사진과 시의 결합 자체가 주목받으며, 내용적·시적 깊이보다 형식의 새로움에 집중한다. 결과적으로 시의 창조적 상상력 발휘를 하지 못해 언어의 미학적 완성도가 부족하다.

② 심사와 평가의 폐쇄성

소규모 창작 집단 내에서 평가가 이루어지면서 객관성이 떨어진다. 친분 관계, 권위주의적 심사 구조로 인해 '내부 평가' 중심의 현상이 발생한다. 이로 말미암아 비평적 견제 기능이 약화한다.

③ 문학적 대중성 및 확장성 부재

디카시가 문학적 독자층 확장에 실패하며, 전문 문학 비평가들의 관심이 저조하다. 신진 작가와 독자의 폭넓은 교류가 어렵다.

라. 개선 방안 제안

심사 위원단 확대 및 다양성 강화 측면에서 보면, 전통 시인, 문학평론가, 사진작가 등 다각적 인물이 참여해야 한다. 심사 기준 공개 및 엄격화 측면에서 보면, 시적 완성도, 심상과 언어의 유기적 결합으로 평가를 강화해야 한다. 외부 전문가·독자 참여 활성화 측면에서 보면, 심사 외에 독자 평가제 도입을 검토해야 한다. 비평 문화 활성화 측면에서 보면, 비판적 에세이, 리뷰, 토론회 등을 통해 디카시 작품의 품격 향상을 도모해야 한다.

7. 나가기: 디카시, 한계와 방향

디카시는 사진과 시를 결합한 디지털 시대의 새로운 표현 형식이다. 시각 문화가 지배하는 시대에 시의 대중성과 접근성을 높이는 실험적 문학 현상이다. 그러나 다음과 같은 본질적 한계에 직면해 있다.

첫째, 형식의 제약이다. 짧은 시와 사진 1장의 정형성으로 인해 표현의 깊이나 다양성이 부족해지기 쉽다.

　둘째, 예술성의 불균형이다. 사진과 시 중 한쪽이 압도할 경우, 작품 전체의 통합성이 무너진다.

　셋째, 즉흥성 중심 창작이다. 감각적 표현에 의존하며 문학적 성찰과 내러티브 완성도가 낮다.

　넷째, 학문적 제도화가 미비하다. 문학 갈래로 보기엔 이론적 체계, 제도적 인정, 교육적 정착이 부족하다.

　다섯째, 평가의 객관성 부족이다. 심사와 비평 구조의 폐쇄성으로 인해 문학적 수준 관리가 어려운 실정이다.

　그러함에도 불구하고 디카시는 디지털 시대의 시적 언어 실험으로서 성장 가능성을 지니고 있다. 문학 갈래로 정착하기 위해서는 다음과 같은 방향이 필요하다.

　언어의 깊이와 미학적 성찰 강화, 이미지와 텍스트의 유기적 결합 추구, 비평과 심사 구조의 공정성 확보, 작품성과 형식의 균형 있는 발전, 수용자와의 소통력 강화 등에 심혈을 기울여야 할 것이다.

　결론적으로, 디카시는 아직 '문화 현상'에 가깝다. '문학 갈래로 발전 중인 실험적 양식'으로 평가할 수 있다. 문학적 내실과 제도화가 병행될 때, 새로운 시 갈래로 자리 잡을 수 있을 것이다.

설명에서 창조적 상상력으로

- 공감형 디카시 창작 기법과 수용 미학 기반

1. 들어가기

　디카시 창작은 현실 설명을 넘어, 심상 중심의 상상력과 정서적 공명을 이끌어 내야 한다. 이를 위해 구체적 심상, 간접 정서, 형용 모순, 반전 같은 문학 장치를 적극적으로 활용할 필요가 있다. '단순한 현실 설명'과는 다른 창작의 방향성을 제시하고자 한다. 또한, 단순한 묘사나 감정 표현에 머무르지 않고, 디카시가 독자와 작가의 상상력을 활성화하는 혁신적 창작 방식임을 강조해 본다.

　디카시 창작 기법 보완을 위해, 기승전결 명확화, 형용 모순(모순 어법) 하나 이상 장치, 개념어 사용 불가(형상화로 풀어낸다), 직접 정서 배제(간접 정서로 풀어낸다), 반전 강화(강한 반전), 결행에서 지속적 여운 장치 등을 제시한다.

　공감에 중심을 둔 디카시 창작 기법은 독자 참여를 이끌어 내고, 각자의 삶과 정서에 맞는 시적 경험을 만들어 준다. 이런 방향성으로 창작 기법을 보완해야 한다. 디카시가 단순한 현실 설명을 넘어 '공유하는 정서'로 발전할 수 있다. 이런 기법들을 섞어 쓰면, 독자는 '나와 닮았다.'라는 느낌과 함께 시가 제시하는 다층적 의미를 탐색하며 공감할 수 있다.

　수용 미학은 문학 작품을 '독자와 함께 완성하는 과정'으로 본다. 디카시도 독자의 감정과 경험이 적극 개입하는 '공감형' 창작법을 통해 더 풍부해질 수 있다. 즉, 디카시는 작가가 정해 준 단편적 심상과 언어를 출발점으로, 독자가 자신만의 의미와 정서를 덧붙이며 공감과 소통의 미학적 공간을 만들어 가는 과정이라는 점에서 수용 미학과 완벽히 맞닿아 있다.

디카시는 감각적 구체성에서 출발해, 독자의 내면에 정동과 감정을 자극한다. 결국, 공감과 감동을 이끌어 내며 시적 여운으로 이어 가는 미학적 여정이라 할 수 있다. 이 흐름이 잘 설계될 때, 디카시는 강렬한 '공감형 시'로서 힘을 발휘한다.

따라서 디카시는 단순 사진 설명을 넘어서 정서적 공명과 창조적 상상력의 폭발을 이끌어야 한다. 이 글에서는 공감형 디카시 창작 기법과 수용 미학적 독자 참여 원리를 접목시킨 창작 이론을 제안한다

2. 디카시에 대한 비평의 핵심 요약

필자는 '디카시야, 현실 설명에서 벗어나자'(2024)라는 비평문을 발표한 적 있다. 디카시에 대한 입체적인 분석을 시도했다. 단순한 찬반을 넘어서 그 현재적 위치, 비평적 한계, 창작론의 이론적 미비점, 미래 발전 방향까지 폭넓게 진단했다.

이 글은 디카시를 '죽은 시'로 단정하기보다, '살아 있는 시'로 성장시키기 위한 조건을 고민하는 비평적 접근을 제시한다. 단순 유행이 아닌 진지한 실험으로 디카시를 바라보고 싶다면, 이런 문제의식은 반드시 동반해야 한다.

가. 긍정적 평가

(1) 대중성과 접근성 확보

모바일 시대에 적합한 형식으로, 누구나 쉽게 창작하고 공유할 수 있다는 점에서 생활 문학, 시 놀이, 문학 향유의 확대라는 공로는 분명하다. 중년·노년층의 창작 참여를 유도하고 있다는 점도 문화적으로 유의미한 성취이다.

(2) 사진과 시의 융합 실험

"사진+언어"의 복합 매체로서 멀티모달(다양한 형식의 데이터를 함께 처리하는 것) 문학 실험의 하나로 볼 수 있다. 이는 포스트모던 문학의 흐름과도 연결된다. 역사적으로 사진과 문학의 융합 사례가 세계적으로 존재해 왔다. 디카시는 한국 문학에서 이 실험을 대중적 차원에서 구현해낸 형태로 평가할 수 있다.

(3) 디지털 플랫폼에 최적화된 창작 방식

실시간 생산-소비 구조는 웹툰, 웹소설처럼 새로운 문학 소비 모델의 가능성을 열어 주고 있다.

나. 비판 및 한계 지적

(1) 설명조 산문에 머무르는 한계

많은 디카시가 사진 설명문에 불과하다. "시는 설명하지 않는다."라는 시의 본질을 망각한 채 '산문적 글쓰기'에 머물러 있다는 비판은 상당히 타당한 일이다.

(2) '영감' 중심 창작론의 취약성

'날시(raw poem)'나 '영감 중심의 창작론'은 현대 문예 이론에서 점점

설득력을 잃어 가고 있다. 이보다 구조적이고 인식론적 접근이 필요하다. 인식론적으로도 모호한 개념이다. 현대 창작 이론에서 탈영감론적 접근이 필요하지만, 이를 무시한 결과이다. 이는 디카시가 여전히 문학이 아닌 놀이 문화, 혹은 표현적 욕구의 방편으로 기능하고 있다는 문제와 맞닿아 있다.

(3) 창작 언어의 미흡함

외래어, 설명형 문장, 관념어 남발, 시제의 부정확성 등은 시로서의 언어적 정련미 부족을 드러낸다. 이는 퇴고 의식과 시어에 대한 민감성이 떨어지는 구조적 문제를 반영한다.

(4) 상상력의 확장 부재

디카시는 감각적·공감각적·비유적·상징적 심상으로 나아가지 못한다. 대부분 시각적 심상과 그에 대한 진술에서 멈춰 있는 것으로 평가할 수 있다. 가스통 바슐라르의 창조적 상상력 개념에 미치지 못한 채, 단순 묘사에 머무는 경우가 많다.

다. 종합적 견해

이 글은 디카시를 단순한 "낮은 수준의 시"라고 단정하지 않는다. 오히려 디카시가 감당하고 있는 현실성과 대중성의 성취를 인정하면서도, 시라는 장르로 거듭나기 위한 기준과 노력의 필요성을 분명히 지적한다.

디카시는 문학적 장르라기보다는 일상의 표현적 놀이이자, 새로운 가능성의 매체일 수 있다. 문학으로 승화하기 위해선 설명이 아닌 함축, 현실이 아닌 상상, 산문이 아닌 시적 긴장으로 나아가야 한다.

3. 디카시 창작 기법의 이론화와 실제

현대시의 본령은 묘사이다. 나아가 객관적 상관물을 통해 시 속에 삶을 녹여 넣어야 한다. 즉, 진술에만 치중하는 시, 현실을 설명하는 시, 삶을 타진하지 않은 시는 죽은 시이다. 이런 시는 산문에 불과하다. 시의 본령을 버리면 시가 아닌 산문이다. 이를 바탕으로 하여 수준급의 디카시 창작 기법을 제시한다.

디카시는 짧지만, 강렬한 심상과 정서의 응축을 특징으로 하는 시 형식이다. 앞서 소개한 여섯 가지 창작 기법은 디카시 창작의 완성도를 크게 높일 수 있는 요소들이다.

디카시 창작 기법 보완을 위해, 기승전결 명확화, 형용 모순(모순 어법) 하나 이상 장치, 개념어 사용 불가(형상화로 풀어낸다), 직접 정서 배제(간접 정서로 풀어낸다), 반전 강화(강한 반전), 결행에서 지속적 여운 장치 등을 제시한다. 아래와 같이 구체적으로 살펴본다.

가. 기승전결 명확화는 짧은 시 안에서도 이야기 흐름이나 감정의 변화가 뚜렷하게 느껴지도록 구성한다. '기(시작)→승(전개)→전(변화·반전)→결(마무리·여운)'을 간결한 심상으로 구현한다.

그러나 짧은 시처럼 디카시도 기승전결이 항상 필요한 구조는 아니다. 감정과 심상의 응축에 더 집중하는 접근이 필요하다. 초안에서는 기승전결을 명확화하는 연습이 필요하다. 다듬을 때 이를 시적 완성도에 문제가 없다면 기승전결을 파격해도 무방하다.

나. 형용 모순(모순 어법) 장치는 상반되는 심상을 한 문장 또는 한 구절에 겹쳐 두어 긴장감을 조성한다. 예를 들면, '맑은 어둠', '찬란한 허무' 같은 표현을 통해 독자 호기심을 유발한다. 철학과 문학에서의 '형용 모

순'과 '모순 어법'을 아래와 같이 비교해 본다.

분야	용어	설명	예시
철학	형용 모순 (oxymoron)	한 개념 안에 서로 충돌하는 속성을 병치하여 개념 자체의 모순이나 역설을 드러냄	찬란한 어둠, 뜨거운 얼음
문학	모순 어법 (oxymoron, rhetorical oxymoron)	서로 반대되는 개념의 결합을 통해 강한 인상과 시적 긴장을 형성하는 수사법	소리 없는 아우성, 가벼운 무게

용어는 다르지만, 의미는 같다. 형용 모순이라는 말은 철학, 논리학, 개념 분석에서 주로 사용한다. 모순 어법은 문학·수사학적 맥락에서 표현 효과를 강조할 때 주로 사용한다. 영어에서는 둘 다 'oxymoron'으로 통용된다. "뜨거운 얼음이 입술을 녹인다" 이 예문은 감각적 형용 모순을 통해 정동과 긴장을 동시에 자극한다.

다. 개념어 배제 및 형상화는 '행복', '평화', '위로', '사랑', '슬픔' 같은 추상 명사 대신 구체적인 심상이나 감각적 장면으로 감정을 드러낸다. 예를 들면, '차가운 손길' 대신 '바람에 떨리는 나뭇가지'로 슬픔을 나타내는 식이다.

라. 직접 정서 배제, 간접 정서 사용은 '슬프다', '기쁘다', '아프다', '외롭다', '아리다' 등을 직접적으로 쓰지 않고, 상황과 심상으로 정서를 암시한다. 이를 통해 독자가 시적 상황을 체험하며 감정을 느끼도록 유도한다.

마. 강한 반전 강화는 짧은 시 안에서 예상치 못한 전개나 의미 전환으로 충격과 깊은 인상을 준다. 독자가 다시 읽게 만드는 힘을 지닌다.

바. 결행에서 지속적 여운 장치는 마지막 구절이나 심상이 쉽게 사라지지 않고 오래 남도록 설계한다. 반복, 은유, 모호성, 잔상 효과 등을 활용한다. 이런 창작 기법들을 종합적으로 적용하면 디카시의 짧은 분량 속에 깊이와 울림을 담을 수 있다. 독자에게 강렬한 체험을 줄 수 있다.

사. 실제 창작해 본다. 최대한 짧고 심상 중심으로, 간접 정서와 모순 어법, 반전, 여운이 느껴지도록 해 본다. 예문을 살펴본다.

(1) 기승전결 명확화

기 : 잎을 떨군 바람
승 : 나무에 속삭임을 남긴다.
전 : 고요 속, 가시 박은 말
결 : 그림자로 날갯짓한다.

→ 시작에서 상황 제시, 바람과 나무의 상호 작용, 감정적 변화(가시 박은 말, 아픔), 마지막에 그림자의 날갯짓으로 마무리하며 여운을 남긴다.

(2) 형용 모순(모순 어법)

투명한 무게가 내 어깨에 내려앉는다
→ '투명'과 '무게'의 모순을 통해 보이지 않지만, 확실히 느껴지는 정서를 표현한다. 정동의 심상으로 탁월하다.

(3) 개념어 배제, 형상화

'슬픔' 대신: 손끝에 묻은 바다 소금이 말라 간다
→ '슬픔' 대신 바다 소금(눈물·아픔 상징)으로 감정을 표현한다.

(4) 직접 정서 배제, 간접 정서

밤하늘 아래 빈 의자 하나가
먼 이야기를 홀로 듣는다
→ 직접 '외롭다' 하지 않고, '빈 의자'와 '홀로 듣는다'는 심상으로 외로움을 암시한다.

(5) 강한 반전 강화

햇살 속에 숨은 그림자,
그림자 속에 사라진 햇살
→ 처음에는 밝음과 어둠이 분리된 듯하다가 둘이 뒤집히는 순간 반전을 이룬다.

(6) 결행에서 지속적 여운 장치

달이 멀어진 창문 틈으로
숨겨 둔 말이 스며든다.
→ '숨겨 둔 말'과 '스며든다.'라는 동사 선택이 모호하고 잔잔한 여운을 남긴다.

4. '공감'에 무게 두는 창작 기법

수용 미학 측면에서 '감동'보다는 '공감'에 무게를 두는 창작 기법으로 발전해 나가야 한다. '감동'보다 '공감'에 무게를 두는 창작 기법은 디카시의 독자 체험을 훨씬 풍부하게 만들 수 있다. 공감은 단지 개인 감정의 공유가 아니라, 시대 감각의 교차점이기도 하다.

가. 왜, 공감 중심인가
감동은 대개 작가가 전달하려는 강한 정서나 메시지에 독자가 반응하는 '일방향적' 경험인 반면, 공감은 독자가 자신의 경험, 기억, 감정을 투영하며 '상호 작용하는' 경험이다. 디카시는 짧고 심상 중심이라서 독자가 자기만의 의미를 끌어낼 수 있는 여지가 크다. 이에 공감이 훨씬 자연스럽고 효과적이다.

나. 공감에 무게 두는 창작 기법 발전 방향
(1) 개방형 심상과 모호성 활용은 명확한 결론 대신 다양한 해석을 허용하는 심상을 제시한다. 독자가 자신의 감정과 연결 지을 공간을 제공한다.

(2) 구체적 상황 속 보편적 정서 숨기기는 특정한 장면으로 일상적이면서도 보편적인 느낌을 전달한다. 독자가 '나도 겪어 봤다.'라고 느끼게 유도한다. 특정한 장면을 예로 들면, '흔들리는 불빛', '닳은 구두' 등이다.

(3) 간접 정서와 암시 중심은 '슬프다', '기쁘다', '아프다' 등을 직접 언급하기보다 분위기, 행동, 풍경 등으로 은근히 드러내야 한다. 즉, 간

접 정서로 표현해야 한다. 독자의 상상력으로 정서를 완성하게 한다.

    (4) 반복과 리듬감은 시적 리듬과 반복을 통해 친숙함과 몰입감을 제공한다. 공감 경험을 깊게 만드는 요소이다.

    (5) 형용 모순과 반전으로 사고를 자극한다. 이는 한 번 더 생각하게 만들어 독자 내면의 감정과 연결을 유도한다.

다. 공감형 디카시 창작 기법

  '공감형 디카시' 창작법을 위한 구체적인 기법과 예시를 단계별로 제시한다. 독자가 자기 경험과 연결해 '내 이야기 같다.'라고 느끼면서도 시적 울림이 남는다. 예문을 살펴본다.

    (1) 개방형 심상과 모호성 활용
  기법: 명확한 감정, 결론을 제시하지 않고 열린 심상을 쓴다. 독자가 여러 해석을 할 수 있도록 모호하거나 중의적 표현을 사용한다.

    예: 흔들리는 전봇대에
        바람이 말을 건다.

  → 전봇대와 바람이 무슨 이야기를 나누는지 구체적이지 않아 독자 마음대로 감정 투영이 가능하다.

    (2) 구체적 상황 속 보편적 정서 숨기기
  기법: 일상적이고 구체적인 장면이나 사물을 묘사한다. 그 속에 '누구나 느낄 법한' 정서를 내포시킨다.

예: 낡은 구두 한 켤레,
　　문득 나의 길이 멈춰선다

→ 구두라는 구체적 심상에 '멈춤'이라는 보편적 순간의 정서를 결합한다.

　(3) 간접 정서와 암시 중심
기법: 감정을 직접 언급하지 않고 분위기, 풍경, 행동 등으로 암시한다. 독자가 '느끼도록' 유도한다.

예: 부서진 유리 조각 속에
　　어렴풋한 햇살이 숨었다

→ 부서짐과 햇살을 대비하며 상실과 희망 같은 복합적 정서를 암시한다.

　(4) 반복과 리듬감
기법: 시어 혹은 구조의 반복으로 친숙하고 몰입감을 준다. 반복이 의미나 느낌의 확장 역할을 한다.

예: 깨어진 유리,
　　깨어진 유리,
　　망설임은 파편 사이로 흩어진다

→ '깨어진 유리'를 반복하여 심리적 상태를 강조한다.

(5) 형용 모순과 반전으로 사고 자극

기법: 상반된 심상 병치로 독자 내면 반응을 유도한다. 반전으로 예상치 못한 시각을 제공한다.

예: 눈부신 어둠 속에서
　　그림자는 깔깔 웃어 댄다.

→ '눈부신'과 '어둠'의 모순, 그리고 깔깔 웃는 그림자가 주는 반전이다.

5. 수용 미학(Aesthetic Reception) 이론[1]

가. 수용 미학은 작품의 의미가 독자의 해석을 통해 완성을 이룬다고 본다. 작가의 창작보다 독자의 참여가 문학적 의미 형성의 핵심이다. 핵심 개념은 아래와 같다.

(1) 작품은 '독자와의 상호 작용' 속에서 의미를 생성한다.
(2) 독자의 문화, 경험, 정서 상태에 따라 해석이 달라진다.
(3) 작가의 의도뿐만 아니라 독자의 참여와 해석이 중요하다.

나. 독자 반응은 독자는 텍스트에서 '빈 공간'(indeterminacy)을 발견하고 자신의 경험으로 이를 채우면서 작품의 의미를 완성한다.

다. '공감형 디카시' 창작 기법과 수용 미학의 결부

...
1) 주요 학자는 한스 로버트 야우스(Hans Robert Jauss), 볼프강 이저(Wolfgang Iser) 등이다.

수용 미학 관점	공감형 디카시 창작법 적용
독자의 적극적 참여	시가 모호한 심상과 열린 결말을 제공해 독자가 자신의 경험과 감정을 투영하도록 함.
텍스트 내 '빈 공간' 생성	직접 정서 배제, 간접적 암시로 독자가 의미를 만들어 내도록 함.
독자의 문화·정서 반영 강조	보편적 정서를 함축한 구체적 상황 묘사로 다양한 독자가 각기 다른 공감 경험을 함.
의미의 다층성	형용 모순과 반전을 통해 여러 층위의 해석 가능성 제공.
상호 작용적 미학 경험	독자가 시를 읽으며 감정과 사고를 공유하는 '공감'의 장 형성.

6. 디카시 창작 흐름: 감각→정동→감정→감동/공감→여운

디카시 창작 과정을 감각→정동→감정→감동/공감→여운의 흐름으로 설명하는 건 매우 효과적이고 자연스러운 접근이다. 각 단계가 어떻게 연결되는지 차례대로 안내한다.

'창작 흐름 5단계'에 대한 구조적 요약

단계	의미 요약	핵심 요소 또는 예
감각	시각, 촉각, 청각 등 구체적 감각 포착	바람에 흔들리는 나뭇잎
정동	감각이 불러일으키는 무명의 느낌	미세한 떨림, 고요한 긴장
감정	정동이 구체화된 명명 가능한 정서	외로움, 그리움 등
감동/공감	독자의 몰입과 감정의 공유	형용 모순, 반전
여운	독자에게 남는 잔상과 의미의 지속적 생성	모호한 결말, 반복, 잔상

가. 감각

시 창작의 출발점으로, 구체적이고 생생한 감각적 경험(시각, 청각, 촉각 등)을 포착하는 단계이다. 예를 들면, 바람에 흔들리는 잎, 따뜻한 햇살, 차가운 돌 등 구체적 심상이 이 단계에서 탄생한다.

나. 정동

감각이 불러일으키는 즉각적이고 비언어적인 정서적 반응이다. 아직 명확한 감정으로 다듬어지기 전, 몸과 마음이 느끼는 미묘한 떨림, 긴장, 울림 같은 상태이다. 정동은 아직 이름 붙여지지 않은 감정의 원형이며, 디카시의 '여운'은 이 정동을 자극할 때 가장 강하게 남는다. 예를 들면, 흔들리는 잎을 보며 느껴지는 불안감, 혹은 평화로움 같은 '느낌'이다.

다. 감정

정동이 구체적인 형태를 갖추면서 명명 가능한 감정으로 발전하는 단계이다. 슬픔, 그리움, 희망 등 시가 암시하거나 독자가 느끼는 정서가 이곳에서 형성된다. 예를 들면, '떨림'이 '외로움'으로 정리되는 과정이다.

라. 감동/공감

독자와의 만남에서 발생하는 공감과 감동의 순간이다. 단순히 '느낌'이나 '감정'이 아니다. 독자가 자신의 경험과 연결하며 시적 세계에 몰입하는 상태이다. 작가가 의도한 바 혹은 독자 각자의 해석이 교차하는 순간이다. 여기서 '감동'은 수용 미학적으로 '공감'과 맞닿아 있어, 독자의 능동적 참여를 뜻한다.

마. 여운

시가 끝난 뒤에도 독자의 마음에 오래 남아 잔상처럼 울리는 느낌이다. 시적 심상이나 반전, 모호함 등이 만들어 내는 '후광'으로, 독자가 시를 반복해서 곱씹도록 만든다. 깊은 공감과 함께 지속적 의미 생성이 이루어지는 단계이다.

바. 실제 창작 예문을 살펴본다.

(1) 감각
"찬 바람이 창문 틈 사이로 스며든다."

(2) 정동
"차가움이 피부에 닿자, 마음 한켠이 움찔거린다."

(3) 감정
"외로운 밤의 불빛이 멀어지는 듯하다."

(4) 감동/공감: 형용 모순과 반전 넣기

예 1: 햇살을 업은 찬 바람이 창문을 비집고 기어들어
　　　목구멍 깊은 곳에 숨은 움찔거림을 흔든다.

예 2: 따뜻한 차가움이 내 안을 휘감고,
　　　멀어진 불빛은 내 그림자를 따라 걷는다.

(5) 여운

예 1: 하얀 밤, 담뱃불만 태운다.

예 2: "그림자 속에서 나는 아직 누군가를 기다린다."

예 1에서는 "햇살을 업은 찬 바람"이라는 모순 어법으로 독자의 상상을 자극한다. "목구멍 깊은 곳"과 "움찔거림을 깨운다."라는 묘사는 간접 정서이다. 마지막 시행에서 "하얀 밤"이라는 반전을 내세우고, "담뱃불만 태운다."라며 명확한 결론 없이 외로운 밤을 지새웠다는 여운과 암시를 남긴다. 이는 적당히 숨기고 적당히 드러내는 현대시의 묘미이기도 하다.

예 2에서 "따뜻한 차가움"이라는 모순 어법으로 독자의 상상을 자극한다. "멀어진 불빛"과 "그림자를 따라 걷는다."라는 묘사는 반전과 간접 정서이다. 마지막 구절은 명확한 결론 없이 여운과 암시를 남긴다.

사. 감각→정동→감정→감동/공감→여운 따라 창작하기

단계	설명	질문/활동	나의 문장 적기
1. 감각	구체적인 감각 경험을 포착한다. (시각, 청각, 촉각 등)	지금 이 순간 가장 눈에 띄는 장면이나 소리, 촉감은 무엇인가?	
2. 정동	감각이 불러일으키는 미묘한 느낌이나 떨림을 적는다.	감각을 느꼈을 때 마음과 몸에 어떤 미세한 변화가 있었나?	
3. 감정	정동을 구체적이고 간접적인 정서로 표현한다.	이 느낌이 어떤 감정과 닮았나요? 직접 말하지 말고 은유적으로 적어 본다.	
4. 감동/공감	형용 모순, 반전, 모호성을 넣어 문장을 확장한다.	상반된 심상이나 반전, 모호한 표현을 더해 시적 효과를 만들어 본다.	
5. 여운	시의 끝에 남을 잔상이나 울림을 만든다.	이 시가 끝난 후에도 독자의 마음에 남을 문장을 적어 본다.	

감각에서 시작해 점차 정동과 감정을 거치고, 형용 모순이나 반전 같은 시적 장치를 활용해 독자의 공감을 이끌어 내는 과정은 단순한 묘사를 넘어 창조적 상상력을 폭넓게 발휘할 수 있는 좋은 길이다.

특히 디카시처럼 짧고 함축적인 갈래에서는 여백과 모호함을 활용해 독자와 '함께 만들어 가는' 상상력이 핵심이다. 이런 창작 기법이 실제 창작력 향상에 큰 도움 될 것이다.

아. 현실 설명에서 벗어나는 디카시 창작 기법: 창조적 상상력 촉발을 향한 기법 단계별 형틀

(1) 1단계: 감각 포착

질문	작성 예시	나의 답변 작성란
지금 내 주변에서 가장 생생하게 느껴지는 '시각적' 심상(모습, 색깔 등)은?	흔들리는 나뭇잎, 뿌연 하늘	
청각적으로 들리는 소리는 무엇인가?	바람 소리, 발자국 소리	
촉각으로 느껴지는 감각은?	차가운 돌, 따뜻한 햇살	
이 감각들이 함께 모여 떠오르는 '장면'을 한 문장으로 적어 본다.	바람에 흔들리는 나뭇잎 아래 햇살이 스며든다	

(2) 2단계: 정동 표현

질문	작성 예시	나의 답변 작성란
감각을 느낄 때 몸과 마음이 어떤 미묘한 떨림이나 울림을 경험했나?	가슴이 살짝 조여 오는 느낌	

| 이 느낌을 비언어적, 추상적인 단어(또는 짧은 구절)로 표현해 본다. | 떨림, 아득함, 움찔거림 | |
| 이 느낌이 시적으로 어떤 심상이나 느낌으로 나타날 수 있을까? | 파도 아래 잠긴 빛, 바람에 흔들리는 그림자 | |

(3) 3단계: 감정 구체화

질문	작성 예시	나의 답변 작성란
정동에서 느낀 미묘한 느낌을 '간접적'으로 어떤 감정과 연결해 볼 수 있나? (직접 명명 말고 은유적으로)	"고요한 슬픔", "부서지는 기대"	
그 감정을 한두 문장으로 서술해 본다.	멀어진 불빛 속에서 희미한 희망이 춤춘다	
이 문장이 시 속에서 어떤 역할을 하면 좋을까? (예: 분위기, 암시 등)	시의 분위기를 감싸는 포근한 슬픔	

(4) 4단계: 감동/공감 구성

질문	작성 예시	나의 답변 작성란
형용 모순(차가운 온기, 무거운 가벼움)을 활용해 한 구절 만들어 본다.	'따뜻한 차가움이 내 안을 감싼다'	
반전이나 예상치 못한 심상 배치를 넣어 문장을 확장해 본다.	'멀어진 불빛이 그림자를 따라 걷는다'	
모호하거나 열린 해석이 가능한 구절을 적어 본다.	'그림자 속에 숨겨진 목소리'	

(5) 5단계: 여운 마무리

질문	작성 예시	나의 답변 작성란
시가 끝난 후에도 독자의 마음에 오래 남을 '잔상'을 어떤 형태로 만들고 싶나?	의문, 미스터리, 잔잔한 울림	
마지막 구절을 한 문장으로 써 본다.	'그림자 속에서 나는 아직 누군가를 기다린다'	
이 구절이 전체 시와 어떻게 연결되는지 간략히 설명해 본다.	시의 불확실함과 기다림의 감정을 담아 여운을 준다	

7. 감각의 스펙트럼 확장

디카시 창작은 단순히 아름다움을 넘어서 정서적 스펙트럼의 폭을 넓히는 작업이어야 한다. 그럴 때 창작자의 개성이 더 풍부해지고, 독자의 공감층도 다양하게 확장해 나갈 수 있다.

가. 감각의 스펙트럼 확장을 위한 디카시 정서 유형 6가지

정서 유형	설명	예시 디카시 (텍스트)	감각 장치
1. 유머/풍자	낯선 조합이나 아이러니를 통해 웃음을 유도하며 비판적 시각 포함	"고양이 회장님께서 회의 중 잠드셨다. 모두 숨을 죽였다. 배당금이 걸려 있기 때문이다."	아이러니, 말장난, 반전
2. 분노/저항	부조리함이나 억압에 대한 정서적 저항 표현	"또 뺨을 맞았다. 칠한 쪽 뺨이 아니라, 지우려던 그쪽."	단문, 절제된 감정, 반어
3. 일상성/무심함	특별할 것 없는 장면을 통해 삶의 본질을 포착	"라면물이 끓는다. 너도 같이 끓던 시절이 있었군."	사물의 은유, 일상의 전환
4. 슬픔/상실	상실, 부재, 죽음 등으로 감정을 환기	"아버지의 외투 주머니에 아직도 사탕이 있다."	여백, 시각적 암시, 감정 절제

5. 기쁨/회복	작고 따뜻한 발견을 통해 정서를 치유함	"감나무 가지에 걸린 햇살. 그날 너의 웃음 같다."	자연 심상, 따뜻한 색채
6. 놀람/경이	일상에서 발견된 미세한 경이	"콘크리트 틈에서 핀 민들레가 나를 보고 웃는다."	대비, 원근법적 시선

나. 창작 길잡이: 정서, 감각, 시어 연결

정서	주요 감각	하위 시어 찾기
유머	시각, 언어	익살, 말장난, 반전 구조
분노	촉각, 청각	거침, 충돌, 단절
일상	후각, 촉각	반복, 습관, 무채색
슬픔	청각, 시각	잔향, 흔적, 어둠
기쁨	시각, 미각	빛, 단맛, 따뜻함
경이	시각, 청각	확장, 기묘함, 일탈

다. 실제 실습

(1) 제시어: 이별

(2) 감정: '유머'

(3) 사물 사진: 낡은 운동화 한 짝

(4) 활동: 이 사물이 마치 살아 있는 것처럼 유쾌하게 말하게 해 본다. 그 사물에 얽힌 어이없는 기억을 한 줄로 표현해 본다.

예: "이별 통보보다 빠르게 버려졌다. 발은 편했잖아?"

8. 인지 언어학 기반 디카시 창작

가. 개념 은유(conceptual metaphor) 길잡이: 감정을 심상으로 번역하기

감정	은유적 개념	디카시 심상 예시	활용 시어 찾기
슬픔	슬픔은 무게다	"눈빛이 무거웠다. 의자도 삐걱였다."	무거운 사물, 내려앉는 심상 사용
분노	분노는 불이다	"말끝이 타들어 간다. 혀도 데었다."	뜨거움, 타는 감각, 빨간 색감
사랑	사랑은 여정이다	"너는 돌아오지 않는 길이었다."	길, 방향, 이정표, 종착지
공포	공포는 어둠이다	"커튼 틈으로 그림자가 웃었다."	그림자, 폐쇄 공간, 흐릿함
기대	기대는 상승이다	"내 발끝이 조금 들떠 있다."	위로 올라가는 심상, 밝음
무력감	무력감은 빈 공간이다	"손잡이를 잡았지만 문은 없었다."	비어 있는 사물, 단절된 동작

나. 감상 도식(image schema) 길잡이: 공간 심상→정서 연결

공간 구조	인지적 의미	정서	디카시 응용 예
위 (UP)	긍정, 회복, 기대	희망, 성장	"연필심이 하늘을 찌른다"
아래 (DOWN)	상실, 슬픔, 추락	절망, 죽음	"계단 끝에 그림자가 쭈그려 앉아 있다"
안 (IN)	보호, 고요, 숨김	위로, 비밀	"문득 주머니 속 체온이 그리웠다"
밖 (OUT)	노출, 불안, 자유	긴장감, 탈출	"나는 창틀 밖으로 한 발 내디뎠다"
중심 (CENTER)	안정, 귀속	소속감, 정체성	"그 자리에 네 자국이 눌려 있었다"
경계 (BOUNDARY)	충돌, 구분	갈등, 경계	"손끝이 벽과 대화했다"

다. 감각-정동 길잡이: 감각 자극→감정 반응 연결

감각 자극	연결되는 정서	창작 시어(사물 심상화)
차가움	고독, 거리감	얼음, 유리, 금속
끈적임	집착, 불쾌	껌, 오래된 테이프
무거움	슬픔, 책임감	돌, 젖은 수건
빛남	기쁨, 새로움	유리창, 반짝이는 사탕
깨짐	불안, 상실	금간 거울, 조각난 컵
소음	분노, 혼란	경적, 싸움 소리
고요함	안정, 죽음	무음 화면, 멈춘 시계

라. 창작 길잡이

(1) 목표: 개념 은유 + 심상 도식 활용 디카시 쓰기
(2) 감정 선택: 분노
(3) 은유 개념: 불
(4) 사진 이미지 선택: 타고 있는 종이 뭉치
(5) 사용할 스키마: 아래로 떨어지는 불꽃→'파괴', '통제 불능'
(6) 디카시 작성:

  예: 성적표에 불이 붙었다.
    엄마의 입김이 장작

마. 디카시 창작 도구 요약

(1) 감정 → 은유 개념 → 감각 심상
(2) 심상 도식 → 위치, 방향, 구조
(3) 사물에 감정 이입 → 1인칭 시점
(4) 감각 자극 → 정동 → 언어화

9. 나가기

이 글은 디카시의 가능성을 단순한 유행이 아닌 하나의 정립된 '시의 갈래'로 끌어올릴 수 있는 고급 이론 제안서이다. 디카시를 '창작 놀이'에서 '문학 창작'으로 격상시키는 정교한 설계도이다.

감동은 감정적 정점이자 일방향적 전달이고, 공감은 감정의 '순환과 공유'이다. 우리가 디카시를 창작할 때 가장 먼저 해야 할 일은 '감각'을 포착하는 것이다. 시를 쓰기 전에 지금, 이 순간 주변에서 가장 선명하게 느껴지는 시각적, 청각적, 촉각적, 후각적, 미각적 요소를 발견해 본다. 예를 들어, '바람에 흔들리는 나뭇잎의 맛', '차가운 돌의 냄새와 감촉' 같은 표현은 아주 구체적이고 생생한 심상이다.

다음은 감각이 우리 마음에 일으키는 미묘한 '떨림'이나 '울림'을 포착하는 단계이다. 이 느낌은 아직 구체적인 감정은 아니고, 우리 몸과 마음이 반응하는 미세한 변화이다. 이걸 '정동'이라고 한다.

이제 정동에서 나온 느낌을 조금 더 구체화해, '감정'으로 바꾸는 작업이다. 여기서 중요한 것은 직접 '슬프다', '기쁘다', '아프다', '아리다'라고 말하지 않고, 은유나 비유로 간접적으로 표현한다.

디카시의 가능성 있는 매력은 '형용 모순'이나 '반전', '모호함' 같은 문학적 장치를 활용하는 것이다. 독자의 상상력을 자극하는 시를 만들어야 한다. '차가운 온기', '멀어진 불빛이 그림자를 따라 걷는다' 같은 구절이 대표적이다.

마지막으로, 시가 끝난 뒤에도 독자의 마음에 오래 남는 '여운'을 만들어야 한다. 명확한 결론 대신, 질문이나 암시, 잔잔한 울림 같은 잔상을 남겨 본다.

디카시 창작 기법
요점 정리

1. 디카시, 문학 갈래인가 현상인가

 디카시는 사진과 시의 결합이라는 독특한 형식을 지닌 디지털 시대의 새로운 표현 방식이다. 다만, 문학 갈래로 자리 잡기엔 이론적 체계, 형식의 안정성, 작품성 등에서 여전히 미흡하다는 평가가 지배적이다.
 현재는 문학 갈래로 발전하고자 하는 문화 현상으로 보는 것이 타당하다.

2. 비평적 시각 요약: '디카시야, 현실 설명에서 벗어나자'

긍정적 측면
디지털 환경에 적합한 대중적 문학 형식
사진+언어의 융합 실험으로서의 문학적 시도
플랫폼 기반의 새로운 문학 소비 구조 형성

비판적 측면
사진 설명에 머무르는 '산문화' 경향
상상력·심층성 부족, 창작 언어 미흡
비평 및 심사 구조의 폐쇄성

이론 기반 부족으로 갈래 인정 미흡

종합 평가
단순 유행이 아닌, 시로 발전하려면 설명 → 함축, 현실 → 상상, 산문 → 시적 긴장으로 전환이 필요하다.

3. 디카시의 한계

형식 제약: 정형화(사진 1장+짧은 시)로 깊이 부족
예술성 불균형: 사진과 시의 유기성 결여 시, 작품의 통합성 하락
즉흥성 우위: 감각 중심, 성찰과 서사의 부족
수용자 해석 한계: 독자 해석이 분분할 수 있다.
기술 의존성: 디지털 기기 숙련도에 따라 질 차이 발생

4. 디카시 창작의 방향: 공감형 창작 기법

현실 묘사 → 상상력, 정서적 공명으로 전환

디카시 창작에 필요한 6가지 핵심 기법:
기승전결 명확화
형용 모순(모순 어법) 활용
개념어 배제 + 형상화
직접 정서 배제 + 간접 정서 사용
강한 반전 장치
결행에서 여운 남기기

예문 예시 요약

'투명한 무게', '달이 멀어진 창문 틈으로 기억이 스며든다' 등에서 간접 정서와 심상 중심 표현 강화

5. 공감형 디카시의 필요성과 원리

'감동'보다 '공감' 중심 창작으로 전환
공감은 독자의 감정·기억과 연결되며 상호 작용형 수용을 유도한다. 디카시의 짧은 형식은 독자 해석 개입을 장려한다.

공감형 창작 기법 요약

개방형 심상과 모호성
구체적 상황 속 보편적 정서 감추기
간접 정서 표현으로 암시 효과
반복과 리듬감 통한 몰입 유도
형용 모순과 반전 통한 사고 자극

6. 결론

디카시의 본질적 과제: 문학적 내실 부족, 제도화 미비, 표현의 깊이 부족 등
그러나 가능성은 충분: 디지털 시대의 시적 언어 실험으로서 확장 가능성 보유
문학 갈래로 성장하려면, 창작 기법 정련, 수용자 참여 강화, 공감형 시로서의 창작 지향, 심사·비평의 공정성 확보 등이 필요

제4장

초단편 창작 기법

초단편 소설은 '사건'이 핵심이다. 짧은 분량 안에 강렬한 아이디어와 반전, 여운을 담아야 한다. 이야기 구조는 도입-전환-결말로 간결하며, 결말에서 의미 전환이나 감정적 여운을 주는 것이 중요하다. 설명은 줄이고 행동, 대사, 상징 등으로 '보여 주기'를 통해 암시한다. 두 예시 소설은 시적 언어와 감각적 심상으로 반전과 정서를 효과적으로 전달한다.

소설의 이해

1. 소설의 정의

국립국어원《표준국어대사전》

> 사실 또는 작가의 상상력에 바탕을 두고 허구적으로 이야기를 꾸며 나간 산문체의 문학 양식. 일정한 구조 속에서 배경과 등장인물의 행동, 사상, 심리 따위를 통하여 인간의 모습이나 사회상을 드러낸다. 분량에 따라 장편·중편·단편으로, 내용에 따라 과학 소설·역사 소설·추리 소설 따위로 구분할 수 있으며, 옛날의 설화나 서사시 따위의 전통을 이어받아 근대에 와서 발달한 문학 양식이다. ≒이야기.

2. 소설의 특징

가. 소설은 서사의 한 종류이다
   (1) 채드먼은 서사물(narrative)을 스토리(story)와 디스코스(discoures)로 구분
   ―내용 부분에 해당하는 것이 스토리 → 서사로 번역
   ―표현 방식에 해당하는 것이 디스코스 → 담화로 번역
   ※담화는 담론보다 서사를 전달하는 방법적 차원에서 강조했다.
     담론은 내용적 차원을 이르는 사회적 용어가 되었다.

담화는 담론보다 말을 주고받는 행위에 더 큰 비중을 둔다.

(2) 채드먼은 서사물(narrative)에서 무엇을(what)에 해당하는 것을 서사로 불렀다. 담화는 서사를 구현하는, 어떻게(how)와 관련되어 있다. 내러티브(narrative)는 서사물로, 스토리는 서사로, 디스코스는 담화로 번역하는 것이 타당하다.

(3) 서사를 전달하는 예술 장르는 아주 많은데 그 장르의 특성은 서사를 구현하는 담화의 특성에 내재한다고 한 것이 채드먼의 주장이다.

(4) 스토리텔링(story-telling)이란 : 스토리+텔링의 합성어이다.
―스토리텔링은 서사이다. 문학에서 주도적으로 창작할 것 같지만, 현재 대부분의 스토리텔링 이론은 경영학과 닿아 있다.
(경영학에서는 스토리텔링을 기업 성장의 방법론으로 차용하거나 프레젠테이션의 방법론으로 활용.)
―테마파크는 공간과 구조물을 이용하여 서사를 전달하는 스토리텔링 상품 중 하나이다.
※옛 광고는 심상 중심, 현재 추세는 서사를 삽입하여 잠재 구매자의 욕구를 구매 행위로 이어지도록 한다.

(5) 구조주의 서사학자들이 말하는 소설 담화의 종류
시점, 화법, 어조, 화자의 존재 형태, 화자의 발언의 특성 등이다. 화자가 무엇이고, 화자의 역할은 무엇이고, 화자의 성격에 따라 무엇이 어떻게 달라지는지 등에 대해서는 자세한 서술이 필요하다. 구조주의자들은 언어 형식에 주목하였고, 소설이 전개되는 서술의 원리를 규명하는 데에 크게 이바지했다. 그들의 설명을 들으면 소설의 고유한 특징은 내용보다는 그 내용을 전달하는 방식 자체에 있다. 소설의 소설다움이 문자 텍스트에 나타나는 화자, 시점, 화법, 화자의 존재 형태 등 담화의 특징에서만 드러나는 것일까.

출처: 송하춘 외, 『문학에 이르는 길』, 서정시학, 2010(개정판). 참조

나. 소설은 소설적인 허구로 이루어져 있다

소설의 고유성은 위에서 말한 담화가 아니라 그 내용에 들어 있다는 것이 전통적인 소설론의 주장이다. 작다(小)와 이야기(說)가 결합된 말이 소설이다.

소설이 '이야기'라는 것에 대해서는 모두가 동의하지만 '작다'의 의미에 대해서는 의견이 분분하다. 소설의 내용적 특징은 '작다'에 들어 있는데, '작다'의 의미를 어떻게 규정하는가에 따라 소설관이 달라진다.

(1) 소설이라는 용어를 이규보 문집 「백운소설」에서 처음 사용

(2) 중국의 『장자』에서 더 먼저 사용
　―지금 우리가 부르는 소설과 거리가 있지만, 삿되고 가치 없는 이야기로 비하되었던 초기의 소설에 관한 사회적 통념을 유추 가능
　―운문 문학의 전통이 강한 문화권에서 소설은 하찮고 보잘것없는 이야기라는 인식이 강했다.

(3) 소설은 실제로 일어났다고 하더라도 일어날 가능성이 희박한 사건은 배척한다.

(4) 소설은 현실을 재현하기 위해 허구를 사용해서라도 일어날 가능성이 큰 허구를 우선적 진실로 받아들인다.

(5) 개연성은 허구의 질서를 조직하기 위해 필요한 논리이다. 수많은 서사 중에서 소설적인 서사란 개연성이 있는 허구를 말한다.
―소설의 허구에서는 개연성이 매우 중요

임공자(任公子)가 큰 낚시와 굵고 검은 줄을 준비한 다음, 오십 마리의 황소를 미끼로 하여, 회계산(會稽山)에 걸터앉아 낚싯대를 동해에 던졌다. 매일 낚시질을 계속하였으나 일 년이 넘도록 고기를 잡지 못하였다. 그러나 결국은 큰 고기가 낚시를 물더니 큰 낚시를 끌고 물속으로 잠겨 들어갔다가는 뛰어오르면서 등지느러미를 떨치니, 산더미 같은 흰 물결이 솟아오르며 바닷물이 진동하였다. 그 소리는 귀신들의 울음소리와 같아서 천리 떨어진 곳 사람들까지도 두려움에 놀라게 하였다. 임공자는 이 물고기를 잡아 가지고 고기를 썰어 건포로 만들었다.

절강(浙江) 동쪽으로부터 창오(蒼梧) 북쪽에 이르는 고장 사람들은 모두가 이 고기를 실컷 먹었다. 그리고 세상의 재주를 겨루며 얘기하기를 좋아하는 무리들이 모두 놀라서 이 얘기를 전하였다.

작은 낚싯대의 가는 줄로 도랑에 가서 송사리나 붕어를 노리는 낚시질을 하면, 큰 고기를 잡는다는 것은 어려운 일이다. 그처럼 쓸데없는 작은 이론[小說]을 꾸며 가지고 높은 명성을 추구해 보자는, 크게 출세하는 것과는 역시 거리가 먼 일이 될 것이다. 그러므로 임공자의 그러한 얘기를 들어 보지 못한 사람들은 세상에서 제대로 행세하지 못할 것은 분명한 사실이다.

― 『장자』, 「잡편」 중 '외물', 김학주 역

다. 사건의 가장 작은 단위는 화소이다

(1) 사건은 서사적 존재물들 사이에서 벌어진다. 인물들끼리 어떤 배경에서 사건을 벌이는가 하면 한 인물이 배경과 사건을 벌이기도 한다. 사건의 존재 형태나 의미 형태, 묘사된 형태 등의 기준으로 사건을 분류

하면, 아래와 같다.
　—심리적 사건, 물리적 사건, 표층 사건, 심층 사건, 일회 서술 사건, 반복 서술 사건, 장면적 사건, 요약적 사건, 직접적 사건, 간접적 사건, 명료한 사건, 모호한 사건, 중심 사건, 부수 사건, 핵 사건, 위성 사건 등

　(2) 화소란 : 사건을 더 작은 요소로 쪼개어 분해하여 독립적인 형태로 정리한 것이 화소이다. 소설에서 이야기를 구성하는 최소의 단위이다.
　—영화의 시퀀스와 비슷
　—화소(話素)는 모티프(motif), 모티브(motive)를 번역한 말

라. 플롯은 사건 배열의 질서이다

　(1) 플롯에 대한 고전적인 정의는 아리스토텔레스에서 시작하여 E. M. 포스터에서 정점을 이룬다.
　(2) 아리스토텔레스는 『시학』에서 플롯이란 자연의 모방이고, 처음, 중간, 끝이 있는 것이라 했다.
　(3) E. M. 포스터의 플롯 세 가지, 6개 중 순차적 플롯의 하나에 해당한다.
　① 왕이 죽었다.
　② 왕비는 슬펐다.
　③ 왕비는 죽는다.
　※ ① ② ③, ① ③ ②, ② ① ③, ② ③ ①, ③ ② ①, ③ ① ②
　　　　　출처: 송하춘 외, 『문학에 이르는 길』, 서정시학, 2010(개정판). 참조

마. 허구를 전달하는 화자 또는 허구적 존재이다.
  (1) 화자는 말을 하는 존재, 청자는 듣는 존재

  (2) 내레이터(화자)는 서술자로 번역하기도 한다.

  (3) 작가의 말은 소설 바깥에 있지만, '화자의 말'은 소설 내부에 존재한다.

        출처: 송하춘 외, 『문학에 이르는 길』, 서정시학, 2010(개정판). 참조

바. 문장의 종류를 결정하는 것은 시점이다.
  (1) 시점 이론이 문장 단위로까지 세분화되기 전에는 관점이라는 말이 시점과 함께 사용되었다. 관점은 작가가 어떤 눈으로 서사와 인물을 대하는가 하는, 줄거리를 대상으로 하는 총괄적인 입장을 가리켰다.

  (2) 관점은 크게 작가 관점(시점), 인물 관점(시점)으로 나뉘었다.
  ―작가 시점은 작가적인 존재가 인물 등의 이야기를 전달하는 소설에 들어 있다.
  ―작가 시점, 인물 시점을 조금 더 나누면 전지적 작가 시점, 1인칭 관찰자 시점, 1인칭 주인공 시점, 3인칭 관찰자 시점, 3인칭 주인공 시점 등이 나타난다.

        출처: 송하춘 외, 『문학에 이르는 길』, 서정시학, 2010(개정판). 참조

사. 작가는 어디에 존재하는가
  웨인 부스는 '내포 작가'라는 말을 보편화시켜서 작가라는 존재를 작품에 밀착시켰다.

실제 작가 – 내포 작가 – 화자 – 피화자(청자) – 내포 독자 – 실제 독자

☞ 실제 작가는 텍스트 바깥에 존재
내포 작가는 목소리가 없지만, 텍스트 내부에 존재한다.
화자는 텍스트 내부에서 목소리를 내는 존재이다.
출처: 송하춘 외, 『문학에 이르는 길』, 서정시학, 2010(개정판), 참조

3. 소설의 화자

가. 인칭: 1인칭, 2인칭, 3인칭, 비인칭

나. 서사 개입: 서사 내적 화자, 서사 외적 화자

다. 거리: 작가와 가까운 화자, 작가와 먼 화자

라. 신뢰도: 신빙성 있는 화자, 신빙성 없는 화자

마. 정보의 양: 화자〈인물, 화자=인물, 화자〉인물

바. 출현 양태: 단일 화자, 이중 화자, 다중 화자

4. 소설의 유형

가. 분량에 따른 분류: 장편(掌篇, 콩트), 단편, 중편, 장편(長篇), 대하소설 등

나. 소재에 따른 분류
　―배경: 농촌 소설, 역사 소설, 해양 소설, 도시 소설, 항공 소설 등
　―인물의 행동: 혁명 소설, 추리 소설, 과학 소설, 전쟁 소설 등

다. 주제에 따른 분류: 비극 소설, 희극 소설, 명랑 소설, 순정 소설 등

라. 미학적 가치에 따른 분류: 대중 소설, 순수 소설, 통속 소설, 본격 소설
　※오락적 가치와 예술적 가치

마. 구성의 초점에 따른 분류: 성격 소설, 사회 소설, 시대 소설, 심리 소설 등

바. 소설 사조에 따른 분류: 낭만주의 소설, 사실주의 소설, 자연주의 소설, 사회주의 소설, 민족주의 소설, 심리주의 소설, 상징주의 소설 등

　※무어의 분류: 행동 소설, 인문 소설, 극적 소설, 연대기 소설, 시대 소설

5. 소설의 요소와 분류

가. **소설의 요소**: 3가지 — 인물(캐릭터), 주제, 구성
　　　　　　　　　6가지 — 주제, 구성, 문체, 인물, 행동, 배경

나. **허드슨의 분류**: 구성, 성격, 대화, 행동, 시간, 장소와 문체와 인생관

다. **포스트의 분류**: 스토리, 인물, 구성, 팬터지, 패턴, 리듬

라. **브룩스와 워렌의 분류**: 구성, 성격, 주제

6. 소설의 요소

가. 인물

　현실 세계를 인식하고 거기에 나름대로 의미를 부여하면서 행동하며 사는 주체가 인간인 것같이, 소설에서도 사건의 주체가 되는 인물이 있다. 소설에서 인물을 영어로 캐릭터(character)라고 한다.
　캐릭터는 단순히 외면적 지칭으로서 인물뿐만 아니라 성격이라는 내면적 속성까지를 의미한다.

나. 주제

　소설을 경험의 재현과 해석과 미적 형식을 주안점으로 하여 구축된 구조물이라 한다면, 주제(테마)는 재현하고자 하는 소설가의 최초 의도인 동시에 재현한 내용에 대한 독자의 최종적인 해석이다.
　☞ 소설가의 의도와 독자의 해석이 일치하면 성공한 작품이다.

다. 구성

　소설에 있어서 플롯(plot)은 구성, 구축, 짜임새 또는 틀이라고 일컫는다. 플롯은 일반적으로 수집된 사건들을 미해결의 과정 내지 경위에 대한 세심한 주의력을 가지고 시침질을 하는 것이라고 말해지지만, 한 중심인물의 삶에 있어서 중심 변화이며 그 변화를 직접적으로 창안하는 행동들의 선이라고 정의하는 것이 적절하다.

플롯 전개 단계: 발단, 전개, 분규, 절정, 대단원

7. 소설의 방법

가. 소설 구사 방법: 시점, 시간과 속도, 문체, 거리와 어조, 배경 등

나. 시점의 5가지 분류: 1인칭 시점, 1인칭 관찰자 시점, 3인칭 제한 시점, 3인칭 극적 시점, 3인칭 전지적 시점

(1) 1인칭 시점이란
　소설의 주인공이 자기 자신의 이야기를 말하는 방식으로 쓰여진 것
　☞ 자전적 요소가 강함

(2) 1인칭 관찰자 시점이란
　주변 인물은 물론 주인공의 내면을 직접적으로 투사할 수 없다는 것
　☞ 전기적 요소가 강함

(3) 3인칭 제한 시점이란
　화자는 주인공일 수도 있고 아닐 수도 있다.
　☞ 3인칭 전지적 시점의 횡포를 줄여 보자는 과학적 수법

(4) 3인칭 극적 시점이란

이야기가 무대나 영화 화면을 관람할 때처럼 진행

☞ 단편 소설에서 보여 주기 수법

(5) 3인칭 전지적 시점이란

실질적인 화자인 소설가는 어떤 한 인물을 따라가지 않고 모든 등장인물의 등 뒤에서 관찰하고 보고한다.

	사건의 내적 분석	사건의 외적 관찰
소설의 한 등장 인물로서의 화자	① 1인칭 시점: 주인공이 자신의 이야기를 말한다	② 1인칭 관찰자 시점: 부인물이 등장인물의 이야기를 말한다
소설의 한 등장 인물이 아닌 화자	③ 전지적 작가 시점: 분석적이거나 전지적인 작가가 이야기를 한다	④ 작가 관찰자 시점: 작가가 관찰자로서 이야기를 한다

출처: 송하춘 외, 『문학에 이르는 길』, 서정시학, 2010(개정판), 참조

초단편 소설 작법:
핵심 요소

1. 들어가기

초단편 소설 창작자이면서 작법에 대해 단행본을 펴낸 김동식은 『초단편 소설 쓰기』(요다. 2021)에서 "초단편은 근본적으로 '사건'이 있는 이야기이다. 사건이 없다면 아무리 짧아도 초단편이 아니다. 이 지점이 엽편이나 장편과 미묘하게 다른 점"(17쪽)임을 강조한다. 또한, "소설의 흡인력은 처음 세 문장으로 결정된다."(21쪽)라며 도입부의 중요성을 강조한다. 초단편 소설은 사건을 먼저 내세우기도 한다. "결말에는 반전이 필수다."(26쪽)라고 강조한다.

반전은 자주 사용되는 전략이지만, 정서적 여운이나 상징적 전환도 결말 전략으로 쓰일 수 있다. 이러한 작법 원칙들은 엽편(葉篇)·장편(掌篇)과 달리 초단편만의 독특한 구성을 이해하는 데 도움이 된다. 이어서, 작법의 핵심 요소를 하나씩 살펴본다.

2. 핵심 아이디어 한 줄로 요약하기

한 문장으로 요약하여 강렬하고 독특한 아이디어를 중심으로 구성해야 한다. "죽은 아들이 돌아왔다. 그는 문밖에 서 있었다."에 주목해 본다. 독자가 생각하게 만드는 강렬한 설정이나 반전이 중요하다.

3. 구조는 간결하게, 서사는 완결로

기승전결 대신 '도입–전환–반전' 또는 '기(상황 제시)–결(반전 포함한 마무리)'처럼 더 간결한 구조로 구성하기도 한다.

도입부는 간결해야 하며, 결말은 인상적이어야 한다.

4. 반전 혹은 여운 중심 구성

초단편 소설은 종종 마지막 문장에서 모든 의미가 바뀌는 방식을 취한다. 대표적인 예로, "판매합니다: 아기 신발, 한 번도 신지 않음. (For sale: baby shoes, never worn.)"에 주목해 본다.

헤밍웨이의 6단어 소설로 자주 언급되지만, 헤밍웨이가 썼다는 증거는 불확실하며, 유래는 20세기 초 광고 등에서 비롯하였다고 추정하기도 한다.

5. 불필요한 설명 삭제: '말하기'보다 '보여 주기'

'보여 주기'가 항상 정답은 아니지만, 초단편 소설에서는 설명을 줄이고 상징, 대사, 행동 등을 통한 암시가 효과적이다. 인물의 심리나 배경 설명은 줄이고, 행동·대사·상징으로 암시하는 것이 더 효과적이다. 장면 한 컷을 보여 주듯 시각적으로 생생하게 표현한다.

반전은 '보여 주기' 전략과 결합할 때 더 강력한 효과를 지닌다.

6. 여운과 해석의 여지 남기기

여운이나 궁금증을 남기는 방식이 이야기보다 더 오래 독자에게 남을 수 있다. 열린 결말이나 상징적 장면을 자주 활용한다.

요소	설명
아이디어	짧고 강렬한 한 줄 설정 필요
구조	도입-전환-마무리 (또는 기-결)
반전	마지막 문장에서 의미 전환 혹은 의외성 강조
간결성	배경·설명 최소화, 묘사 압축
여운	열린 결말 또는 감정 잔상 유도

표1. 초단편 소설 작법 요약

가. 초단편 소설, 「노인과 양아치」

술집은 전쟁터,
숨결이 끊긴 정적 속,
양아치 하나, 술에 취해 권총을 꺼낸다.

그걸 시작으로,
모두가 일어나,
러시아제 총구가 어둠을 갈라낸다.
여자들은 바닥에 엎드려,
숨죽인 시간 속에 녹아든다.

한쪽 구석,
노인은 조용히 앉아 있다.
베트남의 먼 기억과 함께,
마을의 그림자 같은 존재.

천천히 몸을 일으키며,
코트 속에서 차가운 철이 번뜩인다.

그 순간,
모든 숨이 멈추고,
술집은 죽음의 노래를 부른다.

— 신기용, 「노인과 양아치」 전문

 짧지만 시적 초단편 소설이다. 플롯의 응축과 정서의 농축이 함께 어우러진 시적으로 풀어낸 초단편 소설이다.

 시적인 초단편에서는 문장 사이의 여백(행간)이 시간, 정적, 감정의 밀도까지 암시할 수 있다. 시처럼 리듬과 정서를 의도적으로 배열해, 장면 간의 시간 흐름이나 감정 전이를 시각적으로도 체감하게 한다.

요소	세부 구문	분석 보완 내용
반전	노인은 조용히 앉아 있다. → 코트 속에서 차가운 철이 번뜩인다.	처음에는 수동적 존재로 보였던 노인이 반격의 주체로 전환되며 역전의 반전이 발생함. '차가운 철'은 무기(총기)로 암시되어 긴장을 고조시킴.
여운	술집은 죽음의 노래를 부른다.	'죽음의 노래'라는 은유적 종결은 실제 사건의 묘사를 넘어 정서적 충격과 정적을 남기며 독자의 상상 여지를 유도.
정서	숨죽인 시간 속에 녹아든다, 베트남의 먼 기억과 함께	정서는 '전쟁 트라우마'와 '정적'이라는 감각 요소로 구성됨. 노인의 내면과 공간 분위기를 동시에 암시해 정서적 밀도 형성.

표2. 「노인과 양아치」 핵심 요소 요약

나. 초단편 소설, 「은행 털기」

은행이 풍긴다.
둔탁하고, 오래 묵은 부(富)의 냄새.

검은 작업복,
도끼, 전지가위, 장갑.
그들은 은밀하게 움직인다.

현금도, 금괴도 없다.
그들이 노린 건,
가을빛으로 부풀어오른 나뭇가지.

툭—
황금알이 쏟아진다.
텅, 텅,
쓰레기봉투로 사라지는 가을.

그들은 아무 말 없이
은행나무를 정리한다.
단 한 번도
돈 이야기는 하지 않았다.

지금,
이 거리는 냄새가 나지 않는다.

— 신기용, 「은행 털기」 전문

도입-전환-마무리 구조로, 짧은 호흡 속에서도 긴장감→반전→여운이 담기도록 구성했다. '은행'의 이중 의미(금융기관 ↔ 은행나무)를 활용해,

시적 심상으로 읽히도록 표현을 추상화했다.
 '냄새'라는 감각을 도입과 결말에 반복해 주제의 틀을 잡고, 여운을 남겼다. 행간은 정지된 시간과 장면 전환을 유도하며, 리듬감과 정서를 조절하는 기능도 한다.

요소	세부 구문	분석 보완 내용
반전	"그들이 노린 건, 가을빛으로 부풀어오른 나뭇가지."	'은행'이 금융기관이 아니라 '은행나무'였다는 사실이 드러나는 순간, 이중 의미를 활용한 반전이 발생한다. 독자의 예상과 어긋나는 전환으로 의미의 긴장감을 형성한다.
여운	"지금, 이 거리는 냄새가 나지 않는다."	'냄새'의 부재는 도입부의 '부의 냄새'와 대비를 이루며, 감각적 공백을 통해 상실감과 정서적 잔상을 남긴다. 열린 결말처럼 독자 해석의 여지를 제공한다.
정서	"툭— 황금알이 쏟아진다. 텅, 텅, 쓰레기봉투로 사라지는 가을."	단풍잎을 '황금알'로 형상화한 표현은 자연의 순환과 소멸을 암시하며, 정서적으로는 허무와 씁쓸함을 동시에 자아낸다. 의성어(툭, 텅)와 의인화를 통해 시각·청각적 심상이 강화된다.

표3. 「은행 털기」 핵심 요소 요약

 두 작품 모두 '반전-여운-정서'라는 핵심 요소가 존재한다. 「노인과 양아치」의 반전은 '노인이 코트 속에서 철을 꺼내는 장면'에서 발생한다. 여운은 '죽음의 노래'라는 시적 심상으로 마무리한다. 「은행 털기」에서는 '은행'의 의미 전환이 반전을 이룬다. '냄새가 사라진 거리'라는 결말 구문은 감각적 여운과 정서적 공허함을 동시에 자아낸다.

다. 시「돌 같은 황금」 읽기

 앞의 시적 초단편 소설 「은행 털기」는 분명히 시가 아니다. 서사 중심의 초단편 소설이다. 이는 시가 갖추어야 할 요소들을 갖추지 못했다. 사건 중심의 초단편 소설이다. 이와 유사한 사건을 창조적 상상력과 다양한 표현으로 변환하여 시로 발표한 작품을 읽어 본다.

> 돈 냄새를 맡은 사람들
> 콧구멍을 넓히며 입꼬리를 귀에 건다
>
> 은행을 털려고
> 무기에
> 기름칠하고
> 닦고
> 공룡 울음소리를 토해 내는
> 힘센 차를 몰고 간다
>
> 금고를
> 전기톱으로 자르고
> 발로 차고
> 손톱으로 할키고
> 흔들어 댄다
>
> 몸을 찌르고 비틀어
> 냄새마저 기름 짜듯
> 탈탈 턴다
>
> 황금을 쓰레기차에 버린다
>
> 은행엔 돈 냄새가 나지 않는다
> ─ 신기용, 「돌 같은 황금」 전문

인용 시를 창조적 상상력 측면에서 보면, '돈'과 그것을 좇는 인간의 탐욕을 매우 독창적이고 역설적인 이미지들로 풀어냈음을 읽을 수 있을 것이다. "콧구멍을 넓히며 입꼬리를 귀에 건다"라는 표현은 돈 냄새에 예민하게 반응하는 인간의 본능을 동물적으로 묘사한 것이다. 일종의 욕망 탐지기처럼 기능하는 신체를 상상하게 한다. "공룡 울음소리를 토해 내는 힘센 차"는 거칠고 원초적인 힘과 공격성을 상징한다. 현대적 범죄(은행 강도)에 원시적 힘을 결합하는 상상은 일종의 시간의 충돌이기도 하다.

마지막 행의 "은행엔 돈 냄새가 나지 않는다"라는 시행은 앞선 모든 행위를 무화시키는 전복적 결말이다. 행위와 결과의 단절, 욕망의 공허함, 또는 자본주의의 비가시성 등을 암시한다. "황금을 쓰레기차에 버린다"라는 행은 물질적 가치의 해체, 또는 부의 허무함을 극적으로 드러낸다.

표현 기법 측면에서 읽어 보면, 전통적인 시어보다도 직설적이고 과감한 언어를 사용하면서도 시각적, 청각적, 촉각적 감각을 풍부하게 자극한다.

동적 이미지의 연쇄 측면에서 보면, "닦고 / 공룡 울음소리를 토해 내는 / 힘센 차를 몰고 간다"에서 행과 행 사이의 동사와 이미지가 역동적으로 이어지며 긴박한 장면 전개를 만든다. "전기톱으로 자르고 / 발로 차고 / 손톱으로 할키고 / 흔들어 댄다"라는 일련의 행위들은 일종의 폭력적 열정의 절정을 묘사한다. 점점 더 원초적이고 야성적인 감각으로 전개한다.

감각적 전이와 절제된 묘사 측면에서 보면, "몸을 찌르고 비틀어 / 냄새마저 기름 짜듯 / 탈탈 턴다"라며 감각을 전이한다. 냄새를 시각과 촉각, 심지어는 기계적인 동작(짜듯 / 탈탈 턴다)으로 전환함으로써 감각 간 경계를 무너뜨린다. 전체적으로 시문은 짧고 간결하다. 시어의 힘에 집중한 형식으로 시의 긴장감을 유지한다.

인용 시는 자본과 인간의 관계, 욕망의 폭력성, 그 끝의 허무를 독창적인 이미지와 감각적 언어로 강렬하게 표현한다. 특히 종결부의 전복적 메시지는 독자에게 철학적 질문을 던지며 시의 여운을 오래 남긴다.

인용 시를 아래와 같이 비평론에 대입하여 풀어 본다.

(1) 사회비판적 해석: 자본주의와 탐욕의 폭력성 고발

인용 시는 자본주의 사회에서 '돈'이 인간 행위를 어떻게 왜곡시키는지를 강하게 비판한다. "콧구멍을 넓히며 입꼬리를 귀에 건다"라는 묘사는 인간이 돈의 냄새에 반응하는 생물학적 수준의 탐욕을 풍자한다. 인간이 아닌 짐승처럼 보이게 만드는 이 장면은, 돈 앞에서 인간성이 어떻게 탈색되는지를 보여 준다.

은행을 털기 위한 준비 과정은 실제 범죄를 넘어서 자본을 향한 집단적 폭력과 중독된 태도를 상징한다. 단순한 강도 이야기가 아니라, '돈'이 있는 곳이면, 어디든 침탈할 수 있다는 일종의 사회적 맹목을 비판하는 것이다.

"황금을 쓰레기차에 버린다 / 은행엔 돈 냄새가 나지 않는다"라는 결말은, 현대 금융 시스템의 비물질화, 즉 화폐가 더 이상 실제 물리적인 '냄새'나 '형태'를 가지지 않는 현실을 지적한다. 이와 동시에, 그렇게 모든 걸 걸고 돈을 쫓던 인간이 결국 허무와 공허만을 마주한다는 냉소적 진단이기도 하다. 따라서 인용 시는 자본주의에 중독된 사회, 그 속에서 욕망을 절제하지 못한 인간의 비극적 초상을 비판적으로 그려 낸다.

(2) 철학적 해석: 존재의 가치와 허무

인용 시의 말미에 도달했을 때, 독자는 하나의 실존적 질문에 봉착한다. 우리가 욕망하고 추구한 것은 정말 가치 있는 것이었는가? 인간은 "몸을 찌르고 비틀어 / 냄새마저 기름 짜듯" 탈탈 털 만큼 모든 에너지

를 투입한다. 그 결과는 황금이 "쓰레기차에 버려지는" 아이러니이다. 이건 자기 파괴적 행위로 끝나는 욕망의 허망함을 뜻한다.

"은행엔 돈 냄새가 나지 않는다"라는 선언은 실재와 환상의 간극, 즉 인간이 좇는 대상이 실은 실체가 없다는 인식으로 연결한다. 이 시는 결국, 인간 존재의 목표, 의미, 가치에 대한 의심을 던지며 실존적 공허를 암시한다.

(3) 형식주의적 해석: 시적 기법을 통한 긴장과 해체

인용 시는 시어 선택, 행의 배열, 리듬과 이미지의 조합을 통해 독자에게 긴장감 있는 체험을 제공한다.

단문을 나열하는 반복 구조이다. "기름칠하고 / 닦고", "자르고 / 차고 / 할키고 / 흔들어 대고" 등은 점층적 효과를 통해 시적 역동적 상상력을 높인다. 점점 과격해지는 동사들은 욕망의 심화 과정을 상징적으로 드러낸다.

행간의 공백은 문장 사이에 여백을 만들어 주는 대신 긴박한 호흡으로 몰아붙인다. 독자는 숨 쉴 틈 없이 폭력의 흐름 속에 들어가고, 마지막 행에서야 급격히 정지('은행엔 돈 냄새가 나지 않는다')하며 낙차를 경험한다. 이 극적인 전환은, 극적인 의미의 전복을 효과적으로 전달한다.

언어의 상징성 해체 측면에서 보면, '은행', '돈', '황금', '쓰레기차' 등 일상적으로는 고정된 의미를 갖는 시어들의 의미를 변형하거나 비튼다. 이로써 언어의 상징적 가치 자체를 해체하고, 다시 구성한다.

(4) 소결론

인용 시는 단순히 "은행을 턴다"는 범죄적 행위의 묘사를 넘어서, 자본을 향한 인간의 맹목성, 그로 인한 자기 파괴, 욕망의 무의미함, 현대 사회의 비물질적 허무를 비판적으로 조명한다. 이 모든 것을 짧은 시 안에 강렬한 이미지와 리듬으로 응축시킨다는 점에서, 매우 성공적인 현대시적 실험이자 선언이다.

7. 「은행 털기」와 「돌 같은 황금」의 갈래 구분

가. 공통점: '은행'과 '돈 냄새'를 중심으로 한 상징적 이미지를 공유한다. 은유적 장치를 활용해 '은행 털기'라는 행위를 직접적이거나 반어적으로 표현한다. 시적 상상력과 반전 요소를 통해 독자의 예상과 다른 결말로 이끈다.

나. 차이점 분석

항목	「돌 같은 황금」 (시)	「은행 털기」 (초단편 소설)
형식	시 (행갈이, 압축적 표현)	초단편 소설 (짧은 산문, 서사적 흐름)
표현 방식	강렬하고 역동적인 시적 이미지 (무기, 기름, 공룡, 전기톱 등)로 폭력성과 탐욕 묘사	반전이 있는 은유적 서사(은행=은행나무/ 황금=은행잎)로 부드럽고 조용한 전개
내용 전개	실제 은행 강도처럼 보이나, 마지막에 황금을 '쓰레기차'에 버림으로써 돈에 대한 허무와 아이러니 표현	은행을 터는 것이 아니라 가로수 '은행나무'를 정리하는 이야기로 반전, 풍경의 덧없음과 무욕의 태도 강조
주제 의식	물질 탐욕의 덧없음과 폭력성, '돈 냄새'의 허상	자연의 순환과 인간 행위의 아이러니, 황금(은행잎)의 가치 상대화
어조/ 분위기	강렬하고 폭발적, 다소 냉소적	조용하고 절제된, 철학적 여운

종합적으로 보면, 「돌 같은 황금」은 '시적 언어로 만든 드라마'처럼, 산문처럼 보이나 본질은 시이다. 즉, 시적 긴장감과 비유가 핵심이다. 「은행 털기」는 '시적 반전을 담은 초단편 소설'이다. 이야기를 통해 자연스럽게 상징을 풀어 가는 산문 형식이다. 시적인 여운이 남는다.

「돌 같은 황금」은 산문 형식을 띠지만, 시적 긴장과 언어로 구성된 시이며, 「은행 털기」는 시적 상상력과 반전을 통해 시처럼 느껴지는 초단편 소설이다. 모두 '시적 감수성'을 바탕으로 하지만, 「은행 털기」는 시를 입은 산문, 「돌 같은 황금」은 산문을 품은 시이다. 서로 다르게 접근한 결과물이다.

8. 나가기 및 연습 방법

이상의 작법을 실제 창작에 적용하려면, 단계별 실습과 반복 훈련이 중요하다. 다음은 창작 연습을 위한 방법 제안이다.

가. 100자 → 300자 → 500자 점진적으로 늘려 써 보기
나. '마지막 한 문장'을 먼저 정한 뒤, 거꾸로 구성해 보기
다. 일상 속 장면 한 컷으로 이야기 만들기

('손톱깎이', '빈 컵', '이메일 수신함' 같은 무생물 한 개를 중심으로 이야기 짜기 / '오래된 후회', '하루 중 가장 슬픈 시간' 같은 감정 단어로부터 발상해 보기)

초단편 소설 창작 기법
요점 정리

1. 소설의 정의와 본질

　소설은 사실 또는 상상력을 바탕으로 구성된 허구적 이야기.
　서사(스토리)는 무엇을 말하느냐, 담화(디스코스)는 어떻게 말하느냐에 해당.
　화자, 시점, 화법, 어조 등 담화 방식이 소설의 핵심적 특성으로 작용.

2. 소설의 핵심 요소

　인물, 사건, 배경, 주제, 문체, 구성 등이 주요 구성 요소.
　사건의 최소 단위는 화소(모티프)로, 핵심 사건을 중심으로 플롯이 형성됨.
　플롯은 사건의 배열로, 도입-전개-절정-결말의 구조를 갖음.
　화자와 시점은 이야기를 전달하는 방식과 문장 구성에 직접적 영향.

3. 초단편 소설의 작법 핵심

사건 중심 구성: 사건이 없는 이야기는 초단편이 아님.
간결한 구조: 기-결, 도입-전환-반전 등 압축적 전개.
강렬한 한 문장 아이디어로 시작.
반전과 여운: 결말에 의미 반전 혹은 감정적 잔상 남기기.
보여 주기 중심 서술: 설명보다 대사, 상징, 행동 등으로 암시.
상징과 정서 강조: 한 컷의 장면처럼 시각적, 감정적으로 설계.

4. 예시 분석을 통한 구성 전략

「노인과 양아치」: 정적 속 긴장→노인의 반전→죽음의 여운.
「은행 털기」: '은행'의 이중 의미 반전→감각적 여운과 정서.
두 작품 모두 '반전-여운-정서'의 구성 요소가 핵심.

5. 실습 및 창작 연습법

짧은 글부터 쓰기: 100자 → 300자 → 500자.
결말 먼저 정하기: 마지막 한 문장으로 전체 구성 역설계.
사물이나 감정 중심 창작 : 일상 속 오브제 또는 감정을 기점으로 이야기 확장.

에필로그

글쓰기, 나만의 방식으로 연결하세요.

이 책을 끝까지 따라온 여러분은 이제 '디지털 작가'라는 말이 더 이상 낯설지 않을 것입니다. 글쓰기는 단지 표현의 수단이 아니라 자신을 세상에 연결하는 창조적 전략임을 발견했을 것입니다.

디지털 작가는 완성된 정답을 가진 사람이 아닙니다. 기술, 플랫폼, 독자, 시대의 변화에 따라 자신의 글쓰기를 유연하게 재조정할 수 있는 사람입니다. 때로는 실패도, 반복도, 공백도 작가의 과정입니다.

이제는 책을 덮고, 여러분만의 프로젝트를 다시 펼칠 시간입니다.

당신은 어떤 이야기를 쓰고 있습니까?
그 이야기는 누구에게 가닿기를 원합니까?
그 이야기로 당신은 어떤 삶을 살고 싶습니까?
이 책이 그 여정을 함께한 첫 안내서가 되길 바랍니다.

작가로 살아가는 모든 선택에 응원을 보냅니다.

디지털 시대 짧은 문예 창작 길잡이

발행일 | 2025년 9월 1일 초판 1쇄 발행
지은이 | 신기용
펴낸이 | 신기용
펴낸곳 | 도서출판 이바구
　　　　부산광역시 부산진구 동성로143(전포동 신우빌딩) 2022호
　　　　T. 010-6844-7957
등　록 | 제329-2020-000006호

ⓒ 신기용 2025　　ISBN 979-11-91570-97-7 (03800)
정 가 / 15,000원

※ 이 책의 저작권법에 따라 보호받는 저작물이므로 무단 전재와 복제를 금합니다.